AF375585

Für Uschi und Alex

„Menschliches Glück
stammt nicht so sehr aus großen Glücksfällen,
die sich selten ereignen,
als vielmehr aus kleinen glücklichen Umständen,
die jeden Tag vorkommen.“

Benjamin Franklin (1706 - 1790)
amerikanischer Erfinder und Staatsmann

Über den Autor

Dr. rer. nat. Manfred Gutz,

geboren 1940 in Bremerhaven, Studium der Biologie, Chemie und Physik sowie der Pädagogik, Philosophie und Mediation. Studiendirektor am Gymnasium und Lehrbeauftragter für die „Didaktik des Chemieunterrichts" an der Technischen Universität Kaiserslautern.

Ausgezeichnet mit dem „Prix des Éditeurs Français" (Saarbrücken), dem „Cornelsen Förderpreis für das Fach Chemie" (Berlin) und dem „Karl Heinz Beckurts-Preis für Lehrer des mathematisch-naturwissenschaftlichen Unterrichts" (München).

Weitere Bücher des Autors: „Meine Welt-Erklärung auf dem Bierdeckel – Teacher's Cut", „The Human Brain – Boon or Bane?"

www.glueck-gutz.de

Manfred Gutz

Das Glück –
ein Trick der Natur

Wie wir lernen,
das Leben zu lieben

3., neu bearbeitete Auflage

BoD

Bibliografische Information der Deutschen Nationalbibliothek:
Die Deutsche Nationalbibliothek verzeichnet diese Publikation in der Deutschen Nationalbibliografie; detaillierte bibliografische Daten sind im Internet über www.dnb.de abrufbar.

1. Auflage 2015

© 2020 Dr. Manfred Gutz
Herstellung und Verlag: BoD – Books on Demand, Norderstedt
ISBN: 9783750470194

Coverfoto: Manfred Gutz,
„A woman on the beach",
Hommage an Edward Hopper

Cover- und Titelgestaltung sowie Satz:
Silke Kretzschmar, Kaiserslautern

Inhalt

Vorwort

Glück, ein Trick der Natur

Was wäre die Welt des Menschen ohne Liebe und ohne Schönheit, ohne hilfreiche Technik und ohne den uns verwöhnenden Luxus, ohne Glauben und Hoffen und ohne das Bemühen, dem Leben einen Sinn zu geben? Diese Welt wäre freudlos und trostlos, reizlos und sinnlos – weil „Glück-los"!

Auf alle diese schönen Dinge des Lebens möchten wir Menschen nicht verzichten, weil sie Glück versprechen, jenes Hochgefühl, das unsere Welt lebensfreundlich und uns selbst lebensfroh und lebensmutig macht.

Das Glück ist ein Gefühlserlebnis, typisch für den Menschen. Keinem anderen Lebewesen ist es vergönnt, dieses wunderbare Gefühl in so vielfältiger Weise und unterschiedlicher Intensität zu erleben: als Zufriedenheit oder als Glückseligkeit, als glücklichen Umstand oder berauschenden Kick! Nur der Mensch kann Glück empfinden, wenn zum Beispiel ein lang gehegter Wunsch endlich in Erfüllung geht oder wenn es in einer Liebesgeschichte trotz vieler Hindernisse doch noch zu einem Happy End kommt.

Der Mensch kann das Glück durch Teilnahme an Glücksspielen und Abschließen von Wetten sogar herausfordern, aber Vorsicht: „Glücksspiel kann süchtig machen!"

Nicht umsonst wünschen wir uns gegenseitig Glück in allen Lebenssituationen und allen Lebenslagen und nicht ohne Grund wurde neben dem Recht auf Leben und Freiheit das Recht auf „Streben nach Glückseligkeit" („Pursuit of Happiness") in die Amerikanische Unabhängigkeitserklärung von 1776 aufgenommen.

Man kann den Menschen deshalb definieren als das Wesen mit dem Bestreben und dem Potenzial, glücklich zu sein.

Die Quelle des menschlichen Glücks ist sein gut ausgebildetes Bewusstsein (siehe Kapitel 6). Es ist gekennzeichnet durch die Fähigkeit, sich selbst gleichzeitig als Subjekt und Objekt des Handels zu begreifen, als Beglückender und als Beglückter, auch als Denkender und als Gegenstand seines (Nach)Denkens. Deswegen auch konnte Descartes die Aussage „Cogito, ergo sum!" („Ich denke, also bin ich!") zu einer tragfähigen Basis seines philosophischen Gedankengebäudes machen.

Unser gut ausgebildetes Bewusstsein versetzt den (nach)denkenden Menschen in die Lage, den „blinden Drang der Natur" immer besser zu durchschauen. Es hilft ihm, immer mehr Rätsel der Natur zu entschlüsseln und auch dem Sinn des Lebens auf die Spur zu kommen. Diese führt uns zu der Erkenntnis, dass die Natur dem Menschen eine sehr anspruchsvolle Rolle zugedacht hat. Nur so viel vorweg: Der Mensch agiert tatsächlich als „Krone der Schöpfung" – nicht nur im biblischen, sondern auch im naturwissenschaftlichen Sinn: Er steht im Dienst eines universalen Naturgesetzes, der Entropie-Maximierung, das heißt, der Vermehrung der Unordnung und der Steigerung der Wärmeproduktion in der Welt (2. Hauptsatz der Wärmelehre, siehe Kapitel 7). Auf unser Planetensystem bezogen, geht es um den schnellen Abbau des Energiegefälles „heiße Sonne – kalte Erde" in Richtung eines ausgeglichenen „(Wärme-)Lau". Auch darin ist der Mensch „Spitze". Die Meeresströme und Windgürtel unserer Erde sind daran beteiligt, genauso wie die Pflanzen und Tiere. Der Mensch aber, dank seiner Energie verschlingenden Kultur, ist das aktuell beste „Werkzeug" dieses Entropie-Strebens.

Das (Über)Leben des Menschen hat jedoch seinen Preis (siehe Psalm-Zitat, Seite 97): Es ist stets mit Arbeit und oft auch mit großen Mühen, Risiken und Gefahren verbunden. Damit der Mensch ein solches Leben akzeptiert, nicht resigniert oder gar durch Begehen von Selbstmord kapituliert, bedient sich die Natur eines Tricks: Sie belohnt ihn für seine gute „Arbeit" als „Energie-Verbraucher" mit dem Erleben von Glück – meist dem kleinen, selten dem ganz großen Glück!

Glück ist also im Prinzip nur ein Mittel zum Zweck: Es soll sicherstellen, dass der Mensch sein Werkzeug-Dasein als angenehm und lebenswert empfindet.

Ist das Glück tatsächlich nur ein Trick der Natur, auf den wir Menschen nur allzu gern, dankbar und sogar bewusst hereinfallen? Dienen die vielen Glücksversprechen, mit denen die Natur uns lockt, allein dem Zweck, dem Leben treu zu bleiben?

Die Beschäftigung zum Beispiel mit den Themen Liebe und Schönheit, Technik und Luxus, Religion und Drogen kann uns dazu wichtige Hinweise liefern (Kapitel 1 bis 5).

Die beiden nachfolgenden Kapitel (6 und 7) sollen naturwissenschaftliches Hintergrundwissen vermitteln. In ihnen wird – stets leicht verständlich – erklärt, wie das Bewusstsein und das Glück in die Welt kamen und was es mit dem „Entropie-Gesetz" auf sich hat. Beide Kapitel können, wenn gewünscht, auch vorweg gelesen werden.

Ein erstes Fazit:

Die „Milch von glücklichen Kühen", es gibt sie nicht! Kühe können nicht glücklich sein, weil ihnen die Quelle des Glücks, ein gut ausgebildetes Bewusstsein, fehlt. Von glücklichen Kühen zu sprechen, ist deshalb ein Anthropomorphismus. Außerdem besteht für Kühe, wie für Pflanzen und alle vom Instinkt geleiteten Tiere, nicht die Notwendigkeit, Glücksgefühle zu erleben.

Ganz anders beim Menschen: Unser Bewusstsein führt uns zu der Erkenntnis, dass unser „Mensch-Sein" einem mühevollen „Werkzeug-Dasein" gleichkommt; dass wir, wie übrigens die Kühe auch, im Dienst einer universalen Gesetzmäßigkeit, des „Entropie-Gesetzes", stehen. Es befiehlt uns, die Unordnung zu vermehren und die Wärmeproduktion zu steigern. Aufgrund dieser deprimierenden Erkenntnis – Kühen ist sie nicht zugänglich, nicht „bewusst" – benötigt der Mensch das Glück zum Leben genauso wie sein „tägliches Brot". Die folgenden Kapitel sollen dies veranschaulichen.

Kapitel 1

Das Glück, einen Menschen zu lieben

Über die biologischen Wurzeln der menschlichen Liebe

„Glück ist Liebe, nichts anderes.
Wer lieben kann, ist glücklich."

Hermann Hesse (1877 – 1962),
deutscher Dichter

Können Sie sich eine Welt ohne Liebe vorstellen, ohne die „erste große Liebe", ohne Liebesfreud und Liebesleid, ohne Liebeslieder, Liebesromane, Liebesfilme, kurz gesagt, ohne Liebesglück – erlebt oder erträumt? Eine rhetorische Frage!

Wem verdanken wir diese „Liebe"? Auch sie ist ein Produkt der Evolution, jener durch die Naturgesetze gebändigten Phantasie der Natur. Sie vermag uns den Himmel auf Erden zu schenken.

Der Kopf macht den Unterschied

„Willst den Menschen du verstehen,
musst du zu den Affen gehen!"

Dieser Ratschlag ist in mehrfacher Hinsicht hilfreich: Zunächst einmal können wir uns bei einem Zoobesuch selbst davon überzeugen, dass wir mit unseren nächsten Verwandten, den Schimpansen, wie die Wissenschaftler behaupten, tatsächlich 98,4 Prozent des Erbguts gemeinsam haben. Die große Ähnlichkeit in Aussehen und Verhalten und den nur geringen Unterschied im Erbgut nehmen Bestseller-Autoren zum Anlass, den Menschen als „nackten Affen" (Desmond Morris) oder „dritten Schimpansen" (Jared Diamond) zu charakterisieren.

Auf den zweiten Blick wird allerdings deutlich und einsichtig, dass der Mensch eben doch kein Affe ist: Schimpansen mögen die besseren Turner und Grimassenschneider sein, aber sie können zum Beispiel keine Liebesbriefe schreiben, keine Gebete sprechen und keine Artgenossen in den Weltraum schießen. Die dafür notwendigen einhundert Milliarden Nervenzellen und die sie einbettenden und unterstützenden eine Billionen Gliazellen passen nicht in ihren Kopf, dafür ist er zu klein! Der kleine Kopf aber ist von Vorteil bei der Geburt: Die Affenmutter bringt kurz und schmerzlos ein bereits selbstständig lebensfähiges Affenkind zur Welt. Anders beim Menschen: „Du sollst mit Schmerzen Kinder gebären", lässt Gott dem „sündigen Weib" durch Moses ausrichten. Es ist der große Kopf des

Kindes mit der „Hardware" für ein ausgeprägtes Bewusstsein, der der Menschenmutter bei der Geburt Probleme bereitet. Der Mensch muss frühzeitig – noch unvollkommen an Kopf und Körper – den Mutterleib verlassen. Das Menschenjunge hätte sonst auf Grund der Enge des Geburtskanals keine Chance, jemals das Licht der Welt zu erblicken. Wie nun überlebt diese hilflose „physiologische Frühgeburt"? Die Natur sorgte vor. Sie erfand die Liebe!

Die Liebe – ein Trick der Natur

Man stelle sich vor, der Menschenfrau würde wie beim Schimpansenweibchen zur Zeit des Eisprungs ein dickes rotes Hinterteil wachsen. Man stelle sich weiterhin vor, sie würde es als Symbol ihrer aktuellen Fruchtbarkeit jedem in Reichweite befindlichen Mann präsentieren, um sich dann von ihm und vielen anderen der Reihe nach rücklings begatten zu lassen – und das in aller Öffentlichkeit, ohne erkennbare Gefühlsregung, allenfalls begleitet von weiblichem Angstgeschrei und männlicher Drohgebärde, aber ohne Zärtlichkeit und Hingabe. Ein schreckliches Szenario, vollkommen untauglich für das erfolgreiche Aufziehen der fürsorgebedürftigen menschlichen „Frühgeburt".

Eine neue Fortpflanzungsstrategie musste her: Die Promiskuität, der Sex mit wechselnden Partnern, wurde abgeschafft, das Signal einer aktuell vorliegenden Fruchtbarkeit unterdrückt – und die Liebe erfunden, jenes für den Menschen typische, glücklich machende Zusammengehörigkeitsgefühl, das nach körperlicher Nähe und lustvoll erlebbarer sexueller Vereinigung drängt. Sie führte zu einer dauerhaften Paarbindung zwischen Mann und Frau, ohne die keine Zeugung und in der Folge auch kein erfolgreiches Großziehen von Kindern möglich war; mit anderen Worten, es wurde der Grundstein für die Familie gelegt. Und die Liebe entpuppt sich dabei als ein Glück versprechender Trick der Natur, der das anspruchsvolle Auf- und Erziehen von Menschenkindern sichern soll. Damit verbunden ist auch das Glückserleben, das Eltern zuteil wird, wenn sie auf die Signale der Fürsorgebedürftigkeit des Kindes reagieren („Kindchenschema", siehe Kapitel 2) und das Kind „liebevoll" an ihr Herz drücken.

Für eine Optimierung des Fortpflanzungserfolgs sorgte zudem die „Erfindung" des Klimakteriums, das heißt, die Verkürzung der Fruchtbarkeitsphase im relativ langen Leben der Frau: Unter den frühen Bedingungen des Menschseins, in der Phase des Jäger- und Sammlerdaseins, bedeutete jede Geburt eine große Gefahr für das Leben der Mutter und bei deren Tod auch für das Überleben der noch fürsorgebedürftigen anderen Kinder. Die Selektion förderte also ein vorzeitiges Ende der Fruchtbarkeit und damit auch die Möglichkeit, dass die Frau, von eigenen Mutterpflichten entbunden, der Tochtergeneration als Großmutter helfend zur Hand gehen konnte. Der Mann blieb ohne Klimakterium. Aber wie die Großmutter erlebt auch er als Großvater das große Glück, Enkel großziehen – und verwöhnen zu dürfen! Das Familienglück wäre damit perfekt. Leider sieht die Wirklichkeit heute etwas anders aus: Großfamilien sind zur Ausnahme geworden, obwohl, einer Umfrage zufolge, Kinder liebend gern mit Oma und Opa aufwachsen würden.

Zudem ist heute aus der „Liebe, ein unordentliches Gefühl" geworden, so der Titel eines immer noch aktuellen Bestsellers. Unordnung entsteht, wenn Ordnung verloren geht, hier die Einheit von Liebe, Sexualität, elterlicher Fürsorge und Klimakterium der Frau. Durch den kulturellen Fortschritt ihrer überlebenswichtigen Funktion beraubt, werden die aktuell verbliebenen Bruchstücke dieser Einheit von immer mehr Menschen auf der Suche nach persönlichem Glück und schneller Lustbefriedigung in egoistischer Weise manipuliert, unter Zurücklassung von immer mehr unglücklichen Familien, Partnerschaften – und Kindern, der eigentlichen Zielgruppe der Liebe.

Fazit:

Die Liebe ist ein Trick der Natur. Sie steht für ein nur dem Menschen erlebbares, glücklich machendes Zusammengehörigkeitsgefühl, das nach körperlicher Nähe und lustvoll erlebbarer sexueller Vereinigung drängt. Sie zielt darauf ab, die Zeugung und das anspruchsvolle Großziehen der „physiologischen Frühgeburt" Mensch möglich zu machen.

Die Liebe ist das schönste Glücksversprechen, das die Natur dem Menschen zu geben vermag.

Kapitel 2

Schön, wahr und gut

Ein Dreiklang, der Glück verspricht

„Schönheit ist ein Versprechen von Glück.“

Marie-Henri Beyle („Stendhal“) (1783 – 1842),
französischer Schriftsteller

„Ohne eine gewisse Schönheit kann das Leben des Menschen nicht lange bestehen!“ Was Thomas von Aquin vor mehr als 700 Jahren nur ahnen konnte, die Wissenschaft meint, dies heute beweisen zu können: Das Schöne hilft uns zu überleben – indem es uns glücklich macht.

Der Reiz des Schönen

All unser Handeln, was wir kaufen, was wir uns wünschen, wen und was wir lieben, alles wird bestimmt oder zumindest mitbestimmt von einer unstillbaren Sehnsucht nach dem Schönen. Um in den Besitz eines erstrebten Schönen zu gelangen, sind wir bereit, Unbequemlichkeiten und Risiken in Kauf zu nehmen oder unangemessen hohe Preise zu zahlen. Das Schöne zieht uns an, das Hässliche stößt uns ab. Attraktive Menschen, das ergab eine Untersuchung von Psychologen, erfreuen sich eines Schönheitsbonus: Sie finden schneller Arbeit, kommen schneller zu Ehren – und weniger schnell hinter Gitter. „Schöne Gestalt hat große Gewalt", sagt schon der Volksmund, und der irrt selten.

Was ist dieses Schöne und was macht es so attraktiv? Unsere Vordenker in Sachen Ästhetik, der Lehre vom Schönen, der Philosoph Kant und der Dichter Schiller, bleiben uns eindeutige Antworten schuldig. Trotz wortgewaltiger Schriften standen sie dem Phänomen des Schönen relativ sprachlos gegenüber. Kant meinte: „Das Schöne auszulegen, heißt ihm Unrecht tun", und Schiller schrieb: „Schön ist eine Form, die keine Erklärung fordert, oder die sich ohne Begriff erklärt." Das Geistwesen Mensch, „Homo sapiens" (lateinisch: „der wissende Mensch"), lässt sich also von etwas „ergreifen", ohne es selbst zu „begreifen"!

Das nützliche Schöne

Die Erklärung des Phänomens „Schönheit" erscheint uns heute schwieriger als zu Zeiten der zitierten Klassiker. Was gilt heute nicht alles als schön: ein Violinkonzert von Beethoven, aber auch Techno-Musik vom Synthesizer erzeugt; die „Pieta" von Michelangelo und „Guernica" von Picasso; das Zwitschern der Vögel im Wald und das „Singen" der Düsenmotoren auf dem Flugplatz! Es ist tatsächlich fast nichts denkbar, was nicht unter bestimmten Bedingungen als schön empfunden werden kann.

Doch die Biologen haben etwas entdeckt, was allem so bezeichneten Schönen gemeinsam ist: Das Schöne kann im Prinzip alles sein, nur eines nicht, etwas Abträgliches, Schlechtes, etwas was unglücklich macht – wenigstens von der Position des Beurteilenden aus gesehen. Denn der Sinn für das Schöne, so die Biologen, soll dem Menschen ein biologisches Wohlbefinden garantieren. Er steht im Dienst der (Über)Lebensinteressen des Menschen, indem er ihm hilft, das ihm Zuträgliche und Notwendige zu finden und zu nutzen. Wir benötigen zum Beispiel das „Salz in der Suppe" nicht nur deswegen, weil sie uns sonst nicht schmecken würde, sondern weil das Kochsalz unsere wichtigste Quelle für das lebensnotwendige Element Natrium ist. Und wir greifen nicht nur deswegen gern zu den „süßesten Früchten", weil sie uns ein angenehmes Geschmackserlebnis versprechen, sondern weil sie besonders viel Zucker enthalten, den Stoff, aus dem wir unsere Energie beziehen. Dass wir diesen biologischen Vollzug im Bewusstsein als etwas

Angenehmes, Lustbetontes, Glücklichmachendes erleben, ist ein Trick der Natur, auf den wir Menschen mit unserer extrem ausgebildeten Sinnes-, Geistes- und Gefühlswelt dankbar hereinfallen.

Das Schöne ist also das, was sich im Verlaufe unserer Stammesgeschichte als das Nützliche erprobt hat, und es verhält sich demnach zum Nützlichen wie ein Zeichen zu seiner Bedeutung. Dieselbe Beziehung besteht, wie noch zu zeigen sein wird, auch zwischen dem Schönen und dem Wahren sowie zwischen dem Schönen und dem Guten. Das Schöne ist also ein Wegweiser zum Nützlichen, Wahren und Guten! Auch die Widmung „Dem Wahren Schönen Guten", die wir an Dachfriesen alter Theater lesen können, dokumentiert die Zusammengehörigkeit dieser drei Begriffe.

Übrigens, haben Sie heute schon etwas „Schönes" gegessen? Ist Ihnen dabei bewusst gewesen, dass Sie „geschmackvoll verpackte" Sonnenenergie zu sich genommen haben, die sie aktuell im Begriff sind, durch Muskelarbeit und Gehirntätigkeit zu „verunordentlichen", also in Wärme umzuwandeln (vergl. Kapitel 7)? Ist Ihnen zudem bewusst, dass zur Zubereitung der „schönen Mahlzeit" und zur Bereitstellung ihrer Bestandteile insgesamt mehr Energie in die Speise hineingesteckt werden musste, als unser Organismus fähig ist, aus ihr wieder herauszuholen? Nur wir Menschen kennen den Luxus, jene Lust am Genuss und am Überfluss, der uns das Leben schöner und glücklicher machen kann.

Das Destillat des Schönen

Der Mensch als Geist- und Augenwesen – die reizaufnehmenden Augenbecher sind Vorstülpungen des Zwischenhirns – orientiert sich in seiner Umwelt insbesondere an optischen Eindrücken.

Bei der Analyse der Strukturen jener optischen Signale fällt eine ihnen allen gemeinsame Eigenschaft auf. Sie tritt auch in den Kunstwerken der verschiedensten Völker und Epochen als letzte allgemeine Gleichheit hervor. Es ist die Erscheinung der Symmetrie (symmetria, griech.: richtiges Verhältnis, Ebenmaß). Die Symmetrie stellt quasi das „Destillat" des Schönen dar. Dass es sie gibt, beruht auf den Gesetzmäßigkeiten, die unser Universum regieren (insbesondere auf den Erhaltungssätzen der Physik) und dass alles Symmetrische uns schön und glücklich machend erscheint, auf der Tatsache, dass sich unsere Stammesgeschichte als ein Einpassungsprozess in bestehende Ordnungen vollzog und wir nun alles Passende und Geordnete als vertraut und erwünscht empfinden. Das zeigt sich selbst an Kleinigkeiten: Ein schief hängendes

Bild an der Wand wird schnell wieder „gerade gerückt"! Die Symmetrie repräsentiert also ein Gleichgewicht der Kräfte und damit Ordnung und Stabilität. Gäbe es sie nicht, es würde nichts „feststehen", und wir könnten nichts „fest-stellen"!

Für den Menschen ist die Symmetrie von besonderer Bedeutung. Sie steht offensichtlich ganz im Dienst der Eltern-Kind-Bindung und der Ausbildung des sogenannten Urvertrauens. Was der neugeborene Mensch als erstes erlebt, ist das Gesicht der Bezugsperson, meist der Mutter. Dabei wirkt eine Vielfalt von Symmetrien auf das Neugeborene ein: insbesondere die Radiär- und die Spiegelbildsymmetrie, aber auch der sogenannte „goldene Schnitt" ist mehrfach vertreten. Sie werden durch die in dieser Zeit stattfindende Prägung, ein zwanghaft angeborenes Lernen, dauerhaft verinnerlicht. Bald schon gelingt es dem Kind, das Gesicht der Mutter – dank der Symmetrien und einiger Asymmetrien im Detail – von anderen Gesichtern zu unterscheiden. Das Wiedererkennen des eingeprägten Gesichts, so lässt sich die spontane Reaktion des Säuglings interpretieren, vermag mehr als anderes Schöne, ein Gefühl glücklicher Geborgenheit auszulösen.

Das schöne Gesicht

Man hat die unbewusste Neigung des Menschen zum Physiognomieren, das heißt, zum Suchen und Entdecken von menschlichen Gesichtern in Zufallsmustern wie Wolken, Felsen und Bäumen, mit der Stärke und Bedeutung der angesprochenen Prägung in Zusammenhang gebracht. Es gibt aber noch eine zusätzliche Erklärung für dieses Phänomen: Verhaltensforscher nehmen an, dass es im Verlauf der Menschwerdung für die Kommunikation wichtig wurde, menschlichere Gesichtszüge von den noch tierlichen unserer stammesgeschichtlichen Vorfahren zu unterscheiden. Es kam zur Herausbildung ästhetischer Präferenzen. Unterstützt wird diese Annahme durch die Tatsache, dass die künstlerischen Darstellungen von Menschen verschiedener Kulturkreise und Rassen uns ein recht ähnliches Bild des „schönen Menschen" vor Augen führen: Sein Gesicht besitzt feine Züge. Die Nase ist nicht flach, sondern erhaben. Die Stirn flieht nicht, sondern steigt. Der Hirnschädel ist groß und der Gesichtsschädel hat keine Schnauzenform. Der Kopf wird von einem schlanken Hals getragen und nicht, durch Muskelpakete gestützt, nach vorn gestreckt.

Die Verhaltensforscher vermuten zudem, dass das Gesicht des Kleinkindes mit seiner hohen Stirn, den großen Augen und der Fähigkeit, bei uns eine lustbetonte betreuende Zuwendung auszulösen („Kindchenschema"), die weitere Verfeinerung des menschlichen Antlitzes bewirkt hat und noch bewirkt. Nicht umsonst empfindet „Mann" an einer Frau bestimmte ‚kindliche Merkmale' als ausgesprochen lieblich und Glück versprechend: Die „Damenwelt" der Disney-Comics, der Barbie-Puppen und der japanischen Mangas lässt grüßen ...

Farben und Rhythmen

Aber nicht nur mit Formen, auch mit Farben spielt die Natur auf der „Signal-Klaviatur" glücklich machender, menschlicher Gefühle: Als ehemaliger Waldbewohner und Vegetarier liebt der heute immer noch „phytophile" (pflanzenfreundliche) Mensch das Schutz und Nahrung verheißende Grün. Als Tagwesen belegt er helle, leuchtende Farbtöne mit positiven und dunkle mit negativen Gefühlswerten, und als (gleich)warmblütiges Wesen liebt er die roten und gelben Farbtöne, weil sie mit den Wärmespendern Sonne und Feuer assoziiert werden. Ein dunkles Rot aber signalisiert

Vorsicht, denn auch Blut ist rot und der Schmerz dann nicht mehr weit ...

Unmittelbarer noch als visuelle Reize vermögen uns Rhythmen und Töne anzusprechen. Rhythmen ziehen physiologische Prozesse in Phase: So vermag ein typisches Wiegenlied zum Beispiel, den Atemrhythmus eines Kindes zu beruhigen und das Einschlafen zu fördern.

Eine Analyse der emotionellen Erregbarkeit durch Musik ergab bei verschiedenen Völkern bemerkenswerte Gemeinsamkeiten: Laute Musik mit hohen Tönen und schnellem Rhythmus wirkte erregend, leise Musik mit tiefen Tönen und langsamem Rhythmus beruhigend. Man bringt das in Verbindung mit dem Rhythmus unseres Herzschlags. Das Kind verspürt ihn bereits, wenn die Mutter es noch „unterm Herzen" trägt. Ist es dann geboren, trägt sie es – meist intuitiv – „am Herzen", also auf der linken Seite. Die Mehrzahl der Madonnenbilder bezeugt diese Tatsache. Im Namen des glücklichen Säuglings ein „herzliches" Dankeschön an die Natur und das Leben!

Schönheit und Wahrheit

Nach Aufdeckung all dieser Zusammenhänge ist man geneigt mit Heidegger zu konstatieren:

„Schönheit ist eine Weise, wie Wahrheit [...] west." Der Mensch als instinktarmes Wesen, ohne eine angeborene Weltorientierung, ist auf Erkenntnisse und „Wahrheiten" (siehe Kapitel 4) angewiesen, an denen er sein Handeln ausrichten kann. So ist es nicht verwunderlich, dass uns ein Gefühl der Befriedigung, vielleicht auch des Glücks, erfüllt, wenn wir Zusammenhänge und Gesetzmäßigkeiten entdecken, und dass uns etwas schön erscheint, wenn wir diese Gesetzmäßigkeiten verwirklicht sehen. Das Atom ist schön, das Sonnensystem, ja, das ganze Universum, denn es wird von Gesetzen beherrscht: den bereits erwähnten Gesetzen der Symmetrie.

Die Griechen, für die die Schönheit der Schlüssel zum Weltverständnis war, ahnten dies und nannten das Universum „Kosmos", wörtlich „Schmuck" und „maßvolle Ordnung". Viele Wissenschaftler begründen ihre Schaffenswut mit dem Erleben von Glück beim Erkenntnisgewinn und der dabei erlebbaren Teilhabe an der Schönheit der Natur. Albert Einstein zeigte sich immer wieder beeindruckt von der entdeckten „Schönheit, logischen Einfachheit, Ordnung und Harmonie" in der Natur. Und von Archimedes, einem berühmten Mathematiker der Antike, wird berichtet, dass er, nachdem er beim Baden das Prinzip des Auftriebs entdeckt hatte, vor lauter Glück „Heureka!" rufend („Ich hab's gefunden!"), splitternackt durch die Straßen von Syrakus rannte.

Schönheit und Moral

Aber der Mensch ist nicht nur Geist-, sondern auch Gesellschaftswesen. Als Ausgleich für seine Instinktarmut benötigt der Mensch, neben hilfreichen Erkenntnissen, auch angemessene Verhaltensweisen. Die Eigenschaften der menschlichen Natur waren in Einklang zu bringen mit den Erfordernissen, die ein harmonisches Zusammenleben der Menschen garantieren konnten. Dazu musste der Mensch ein Empfinden für gut und böse entwickeln. Das Nachdenken über die Grundlagen eines menschenwürdigen, sittlichen Verhaltens wird Ethik genannt, die tatsächlich praktizierte Gesinnung, Moral. In ihr sind die Ziele unseres Handelns und die unser Handeln lenkenden Tugenden miteinander verknüpft. Dass Tapferkeit, Güte und Liebe als schön, ja, als Glück empfunden werden, wissen wir aus eigenem Erleben beziehungsweise erfahren wir, wenn wir uns zum Beispiel von den Schicksalen unserer Filmhelden ergreifen lassen. Und dass der Held, der Gutes tut, stets auch gut aussieht, scheint uns eine Selbstverständlichkeit zu sein: Schickliches und Schickes gehören eben zusammen!

Die in die Schönheit vernarrten Griechen erklärten die Kalokagathie, das „Schön-und-gut-Sein", zum Bildungsideal. Kranke und Hässliche galten als von den Göttern Verlassene. Erst das Christentum machte Schluss mit dieser „Verblendung". Es befreite den Geist vom Augenschein. Wie Paulus im ersten Brief an die Korinther zugibt, war dies ein sehr schwieriges Unternehmen. Der leidende, gekreuzigte Christus, ein Sohn Gottes? Für die Griechen war das eine „Torheit".

Wie nun entstanden unsere als schön und gut empfundenen, glücklich machenden Tugenden? Sie bildeten sich nach unserem heutigen Wissen in der eiszeitlichen Altsteinzeit aus. In jener Zeit war das Überleben des Einzelnen abhängig vom Überleben der Gruppe, der Sippe. Diese stand in Konkurrenz mit anderen Sippen, wobei jene Sippe im Vorteil war, deren Sippenmitglieder ein sippendienliches, ein sogenanntes „altruistisches" Verhalten zeigten. Der Altruismus ist gekennzeichnet durch ein uneigennütziges Verhalten im Dienst der Sippenmitglieder zum Beispiel durch die Bereitschaft, anderen zu helfen, mit ihnen die Nahrung zu teilen, sie bei Gefahr zu warnen und sie unter dem Einsatz des eigenen Lebens zu verteidigen. In diesem Verhalten spiegeln sich die für das (Über)Leben der Sippe „Wert-vollen" Tugenden wider, wie zum Beispiel

Ehrlichkeit, Großmut und Tapferkeit sowie Hilfsbereitschaft, Disziplin und Solidarität. Eigenschaften wie Unehrlichkeit, Feigheit, Egoismus, Geiz, Neid und Habgier hätten die Sippe ins Verderben führen können. Wer fühlt sich bei der Aufzählung dieser Charaktereigenschaften nicht an die Zehn Gebote und die Sieben Todsünden erinnert?! Tatsächlich findet sich die altruistische Sippenmoral als Überlebensstrategie, von „Priestern" mit göttlichen Weihen versehen, in allen Religionen wieder (siehe Kapitel 4). Die altruistische Sippenmoral bildete den Kitt, der die Sippe zusammenhielt. „Einer für alle und alle für einen!", „Gemeinsam sind wir stark!" und „You never walk alone!", mit diesen Glücksversprechen könnten sich auch die Jäger und Sammler der Steinzeit Mut zugesprochen haben.

Schönheit und künstlerisches Anliegen

Jede Epoche hat ihre Probleme und ihre daraus resultierenden Bedürfnisse und Bestrebungen. Die zeitgenössische Kunst, sofern sie nicht nur „l'art pour l'art" („Kunst für die Kunst") sein will, greift diese auf und macht das erstrebenswerte Angenehme beziehungsweise das zu vermeidende Unangenehme zum Thema ihrer Kunstwerke. In der Antike waren es Harmonie und Symmetrie, im Mittelalter die Sehnsucht nach dem Jenseits und die Verachtung des irdischen Flitters; in der Renaissance war es Individualismus und im Barock prunkende Imposanz; in der Aufklärungszeit waren es Ordnung und Übersichtlichkeit, in der Romantik Phantasie und Nostalgie, in den ersten Jahrzehnten des gerade vergangenen Jahrhunderts die Funktions- und Leistungsgerechtigkeit – und was ist es heute? Das Problem unserer Zeit ist die offensichtliche Diskrepanz zwischen wissenschaftlicher Erkenntnis und irrationalem Verhalten: In der Technik, zum Beispiel beim Autofahren und Fliegen, verlassen wir uns auf die Ergebnisse der Wissenschaft, bei unserem Handeln ignorieren wir sie, wenn sie uns nicht „in den Kram passen" und vertrauen lieber irrationalen Gefühlen und esoterischen Versprechungen. Was wir brauchen, ist Vernunft, das heißt, Verstand auf bewusst humanes Handeln ausgerichtet. Es sind Appelle an die Vernunft, an unser Bewusstsein, die aus vielen Werken der zeitgenössischen Kunst sprechen. Hoffen wir darauf, dass sie auch verstanden werden. „Sapere aude!", „Wage es, dich deines Verstandes zu bedienen!", machte schon der römische Dichter Horaz seinen Zeitgenossen Mut.

Den Zeitgeist aufzuspüren, uns zu sensibilisieren für das zum (Über)Leben Notwendige und uns dieses über das Schöne, über Können und Kreativität erfahrbar zu machen, ist die ehrenwerte Aufgabe des Künstlers. Ein Dank an die „Schönen Künste"! Sie helfen uns, unser Leben glücklicher zu machen.

Fazit:

Das Schöne kann im Prinzip alles sein, nur eines nicht: etwas Abträgliches, Schlechtes – etwas, was unglücklich macht. Das Schöne offenbart sich dabei als ein Wegweiser hin zum Nützlichen, Guten und Wahren. Nicht umsonst wollen wir auf das „Salz in der Suppe" nicht verzichten: Es ist die wichtigste Quelle für das lebenswichtige Element Natrium. Und nicht ohne Grund verbinden wir stets „Schickes" mit „Schicklichem": Schöne Helden sind meist auch gute Helden! Und selbstverständlich freuen wir uns darüber, wenn wir neue Zusammenhänge bzw. „Wahrheiten" entdecken. So gesehen, wird aus dem Schönen ein Versprechen von Glück. Ein weiterer Trick der Natur, auf den wir gern hereinfallen.

Die Symmetrie, das „Destillat" des Schönen in der Kunst und der Architektur, sowie auch die Signale, die von Formen, Farben und Rhythmen ausgehen, liefern weitere Hinweise auf Glücksversprechen, die ihren Ursprung im Schönen haben.

Kapitel 3

Die wunderbare Welt der Technik

Über die „Kinder" von Hand und Hirn

„O welch ein Glück, ein Mensch zu sein!"
Balthasar Münter (1735 – 1793),
deutscher Pfarrer und Kirchenlieddichter

„Der Mensch ist", wie der Philosoph und Soziologe Arnold Gehlen formulierte, „im Gegensatz zu allen höheren Säugern hauptsächlich durch Mängel bestimmt": Statt eines warmen Fells besitzt er eine nackte Haut, statt scharfer Krallen stumpfe Nägel, und auch was die Schärfe seiner Sinne angeht, übertreffen ihn die meisten anderen Tiere. Außerdem kommt der Mensch mit der Auflage zur Welt, erst durch mühsames Lernen aus Erfahrung klug zu werden, statt durch angeborene Instinkte vor aller Erfahrung klug zu sein.
Es drängen sich unwillkürlich viele Fragen auf: Wie kann ein solches „Mängelwesen" jemals glücklich sein? Und, was ließ dieses „arme Wesen" im biblischen Sinne zur „Krone der Schöpfung" und in den Augen der Biologen zum „Volltreffer der Evolution" werden? Schon der griechische Philo-

soph Aristoteles stellte den Menschen an die Spitze seiner Rangliste der Natur. Wieso? Und warum schlägt der Chemiker und Nobelpreisträger Paul Crutzen vor, den Menschen zum Namensgeber unseres Erdzeitalters zu machen und es „Anthropozän" zu nennen?

Die Antworten kennen wir bereits: Unsere herausragende Stellung verdanken wir Menschen unserem gut ausgebildeten Bewusstsein! Es schenkt uns nicht nur das Erleben von Glück, sondern es erschließt uns auch die Welt der Technik. Auf diese Weise befreit es uns von vielen Vorgaben und Zwängen der Natur und macht uns Menschen zum prägenden Faktor unseres Planeten.

Die Technik ist, wie Platon, der Lehrer von Aristoteles, uns mit seinem „Mythos von Prometheus" wissen lässt, ein „göttliches Geschenk". Und – Göttliches meint stets auch Glücklichmachendes!

Prometheus sei Dank!

Wenn man Platons Ausführungen glauben will, verdankt der Mensch die Technik den Titanensöhnen Prometheus und Epimetheus. Sie erhielten von den Göttern den Auftrag, die von Götterhand frisch geformten Lebewesen so mit Eigenschaften und Fähigkeiten auszustatten, dass sie auch überleben könnten. Da Epimetheus ein besonderes Interesse an dieser Aufgabe äußerte, überließ Prometheus seinem Bruder die Zuteilung: Dem einen Lebewesen verlieh Epimetheus scharfe Krallen, dem anderen schnelle Hufe, ein gutes Auge dem einen, ein sicheres Versteck dem anderen. So verfuhr er auch bei der Zuteilung von Nahrung und Nachkommenschaft, stets darauf bedacht, die Lebewesen vor gegenseitiger Ausrottung zu bewahren.

Als dann schließlich auch das Menschengeschlecht an die Reihe kommen sollte, musste Epimetheus mit Entsetzen feststellen, dass sein Vorrat an Überlebensinstrumenten schon aufgebraucht war. So ganz ohne Schutz konnte er aber den Menschen nicht in die Natur entlassen! In seiner Not bat er Prometheus um Hilfe. Entschlossen, seinem Bruder zu helfen und der Menschheit das Überleben zu sichern, schlich er sich in die Werkstatt der Götter und stahl „dem Hephaistos und der Athena ihr kunstreiches Handwerk samt dem Feuer – denn es war unmöglich, es ohne Feuer zu erwerben oder nutzbar zu machen – und schenkte beides dem Menschen."

Natürlich rächten sich die Götter: Prometheus musste, an einen Felsen des Kaukasus geschmiedet, für seine Freveltat büßen, und über die mit den göttlichen Gaben beschenkte Menschheit ergossen sich Elend und Übel aus der Büchse der Pandora.

Die wahrhaft göttlich zu nennende Begabung des Menschen mit „Hand und Hirn", mit der Kunstfertigkeit des Hephaistos und der Weisheit der Athena, sichert dem Menschen sein Überleben und begründet seine herausragende Stellung in der Natur.

„Hand und Hirn" stehen für unser erfinderisches Bewusstsein (vergl. Kapitel 6). Es verleiht uns die Macht, unseren Planeten nachhaltig zu verändern. Gleichzeitig ermahnt es uns aber auch, mit dieser Macht verantwortungsvoll umzugehen und sie nicht zu missbrauchen.

Die Technik nahm ihren Ursprung in der Herstellung und dem Gebrauch von Werkzeugen. Für die Wissenschaft ist das Auffinden von Werkzeugen bei der Suche nach dem frühen Menschen der erste Hinweis auf ein erwachtes Bewusstsein. Die ersten Werkzeuge waren bezeichnenderweise solche, die die Effektivität der Hand verbesserten: Faustkeile und Knüppel, Hämmer und Speere erhöhten die „Hand"-lungsfähigkeit und „Macht" des Menschen gewaltig. Aber dabei blieb es nicht. Das Gehirn verbesserte jetzt das von der Hand geführte Werkzeug, und dieses wiederum wirkte verbessernd auf das Gehirn: Aus dem geworfenen Stein wurde die Kanonenkugel, aus dem Lagerfeuer das Herdfeuer und aus dem Karren die Nobelkarosse. Beschleunigt wurde die Entwicklung durch die Informationsträger Sprache und Schrift, mit denen sich das Bewusstsein Gehör verschafft und zu dokumentieren versteht. Bisher hatte sich die Natur zur Speicherung der Information des Erbguts und zu ihrer Weitergabe der mühsamen Fortpflanzung bedient. Indem der Mensch die Information in Worte packte, sie später sogar visualisierte und digitalisierte, machte er sie unabhängig vom Lebewesen, beschleunigte ihre Weitergabe und erschloss ihr neue Speichermöglichkeiten. Ein neu erworbenes erfolgreiches Verhalten brauchte jetzt nicht mehr in natura demonstriert und ein effektiveres Werkzeug nicht mehr vollkommen neu erfunden zu werden. Jede neue Generation konnte nun auf dem Wissensfundus der älteren Generation aufbauen und noch komplexeres Wissen erschließen und auf diese Weise noch wirkungsvollere Werkzeuge – inzwischen auch „Denkzeuge", wie die Computer – erfinden und herstellen.

Ein Spezialist für alle Fälle

Werkzeuge dienen dem Menschen sozusagen als „künstliche Organe". Mit ihrer Hilfe gelang es dem Menschen, die Mängel seiner geringen körperlichen Anpassung an die Natur zu kompensieren. Mehr noch! Sie verliehen ihm die Herrschaft über das Pflanzen- und Tierreich. Dass dies möglich war, erklärt sich aus dem besonderen Charakter dieser künstlichen Organe.

Die Tatsache zum Beispiel, dass künstliche Organe im Gegensatz zu den natürlichen nicht mit dem Körper verbunden sind, ermöglicht dem Menschen, sich nach Bedarf und Belieben zu spezialisieren und das in einer Weise, die keine Konkurrenz, auch nicht die der besten Spezialisten unter den Tieren, zu fürchten braucht: Mit dem Flugzeug fliegt er jedem Vogel davon, am Steuer eines Baggers entwickelt er Bärenkräfte, und mit dem Fernglas in der Hand vermag er seinem Blick die Schärfe eines Adlerauges zu verleihen! Außerdem gestatten ihm seine künstlichen Organe, selbst die unwirtlichsten Regionen der Erde als Lebensräume zu erschließen. Und gerade jetzt unternimmt er Versuche, sich auch im Weltraum einzurichten.

Die Tiere mit ihren natürlichen Spezialorganen sind diesbezüglich weniger flexibel. Da ihr Spezialistentum angeboren ist, sind sie mit ihrem speziellen Lebensraum und ihren darauf abgestimmten Spezialorganen auf Gedeih und Verderb verbunden. Sich ändernde Umweltbedingungen können für sie deshalb schnell katastrophale Folgen haben. Welches Schicksal erwartet die auf Zehenspitzen laufenden Huftiere, wenn Steppen und Savannen versumpfen ...?

Hervorzuheben ist auch, dass künstliche Organe nicht aus lebendem Gewebe bestehen. Ihre Herstellung und Handhabung kann deshalb auch unter extrem lebensfeindlichen Bedingungen erfolgen. Außerdem bleiben sie über den Tod ihres Besitzers hinaus funktionsfähig und können so, anders als bei den natürlichen Organen, an die Nachkommen weitergegeben werden.

Ein künstliches Organ ist zudem meist eine Neuschöpfung und sein Herstellungsprozess nicht an seine Entstehungsgeschichte als Rezept gebunden mit all ihren Irr- und Umwegen. Es sei hier nur an die entwicklungsgeschichtlich bedingten Herz- oder Gefäßanomalien mancher Neugeborener erinnert und an den entbehrlichen blinden Fleck in unserem Auge.

Ohne künstliche Organe gäbe es im übrigen kein Handwerk und kein Gewerbe, keine Industrie und keine Geldwirtschaft, denn künstliche Organe müssen nicht von demjenigen hergestellt werden, dem sie dienen sollen. Sie können gekauft oder verkauft, gemietet oder vermietet, gepflegt, repariert oder recycelt werden.

An dieser Stelle soll noch kurz auf die Gentechnik eingegangen werden. Sie ist von besonderer Bedeutung für den medizinischen Fortschritt. Die Werkzeuge, die die „Genchirurgen" verwenden, um Gene zu verändern, sind Reparaturenzyme, große Eiweißmoleküle, die als biochemische „Scheren" und „Klammern" fungieren. Wir verdanken der Gentechnik unter anderem die Bereitstellung von humanidentischen Ersatzstoffen, zum Beispiel von Insulin für die Zuckerkranken und von Erythropoietin für die Nierenkranken.

Doch von den Genwerkzeugen zurück zu den Werkzeugen des täglich Lebens. Von besonderer Bedeutung für den Aufstieg des Menschen muss die Tatsache angesehen werden, dass das Betreiben von Werkzeugen, von Maschinen und anderen Geräten nicht an die begrenzten Kräfte des menschlichen Organismus gebunden ist. Der Mensch kann sich auch körperfremder Energien bedienen, zum Beispiel der Zugkraft des Ochsens, der Hitze des Feuers oder der Druckkräfte von Wasser und Wind.

Am wichtigsten für den Menschen aber war und ist die Energie, die ihm das Feuer zur Verfügung stellt. Wie der Mythos von Prometheus lehrt, haben dies auch schon die alten Griechen erkannt. Aber mit der Technik selbst wollten sie möglichst wenig zu tun haben. Ihr Interesse galt vielmehr der Philosophie. Die praktische Tätigkeit überließen sie liebend gern den Sklaven und Fremden. Diese wurden von ihnen als Banausen (banausos, griech.: Mensch ohne geistige Interessen) verspottet. Und nicht umsonst wurde dem hilfreichen Hephaistos, dem Techniker unter den Göttern, von den schönheitsverliebten Griechen Hässlichkeit und ein lahmes Bein angedichtet ...

Die Zähmung des Feuers

Das Feuer benötigt allerdings, wie auch das natürliche Organ, zur Unterhaltung seiner Funktion einen Energieträger. Beim Feuer ist es zum Beispiel das Holz, beim natürlichen Organ die Nahrung. Da beim Feuer, im Gegensatz zum natürlichen Organ, die Freisetzung von Energie sehr komprimiert erfolgt, ist es ein relativ gefährlicher Mittler zwischen dem Energieträger und dem vom Benutzer angestrebten Leistungsziel. „Wohltätig ist des Feuers Macht, wenn sie der Mensch bezähmt, bewacht", belehrt uns Schiller in seinem „Lied von der Glocke". Das Braten von Fleisch, das Brennen von Ton sowie das Erschmelzen und Schmieden von Metallen benötigen Feuer pur. Für den Transport von Steinen, das Ziehen eines Pfluges oder das Drehen eines Mahlsteins war es aber in dieser „unbezähmten" Form nicht zu gebrauchen. In der Antike wurde diese Arbeit deshalb hauptsächlich von Menschen- bzw. Tierkraft verrichtet; im Mittelalter setzte man verstärkt auf die Wasser- und Windkraft.

Die Zähmung des Feuers gelang erst mit der

Erfindung der Dampfmaschine Ende des 18. Jahrhunderts. Mit ihr begann das Zeitalter der industriellen Revolution: Die Dampfmaschine vermochte das Feuer durch „Portionierung" so zu bändigen, dass seine Energie nun endlich den Fabriken und Bergwerken als dringend benötigte Kraftquelle für ihre Webstühle, Förderanlagen und Schienenfahrzeuge zur Verfügung stand. Die industrielle Revolution war auch in anderer Hinsicht revolutionär: Während sich die Menschen in Frankreich etwa zur gleichen Zeit von den Fesseln feudalistischer Bevormundung befreiten, emanzipierte sich die Technik von der Eingebundenheit in die Energieumsätze der Natur, indem sie jetzt, bei sich verknappendem Holz, auf den fossilen Energieträger Kohle zurückgriff.

Als Mitte des 19. Jahrhunderts die Bohrungen nach Erdöl, einem weiteren fossilen Energieträger, endlich erfolgreich waren, kündigte sich eine neue technologische Epoche an: Mit der Erfindung des Benzin- und Dieselmotors gelang es, die Energie des Feuers noch erfolgreicher zu zähmen und sie somit den immer präziser arbeitenden Werkzeugen und Maschinen noch besser anzupassen.

Den wirklichen Durchbruch in dieser Beziehung erbrachten jedoch erst die Entdeckung des dynamo-elektrischen Prinzips und die Erfindung des Elektromotors gegen Ende des 19. Jahrhunderts. Elektrischer Strom vermag sowohl große als auch sehr kleine Geräte anzutreiben. Seine Energie ist in alle Energieformen umwandelbar, kann über weite Strecken geleitet werden und lässt sich vom Verbraucher „im Handumdrehen" ein- und ausschalten. Mit der Elektrizität fand die Technik auch Eingang in die Haushalte und bescherte den Menschen einen ungeahnten, sie glücklich machenden Komfort und Luxus. Tiere kennen keinen Luxus – aber auch kein Glück und können deshalb auch nicht unglücklich sein darüber ...

„Kinder des Gehirns"

Unser großes Gehirn mit seinem gut entwickelten Bewusstsein ist, wie schon mehrfach betont, der eigentliche Garant menschlichen Lebens und Überlebens. Nur unser erfinderisches Gehirn, nicht der mühselige Trott der biologischen Evolution, ist fähig, uns Hilfe anzubieten, wenn es darum geht, auf die schnellen Veränderungen unserer Umwelt angemessen zu reagieren. Allein die Anpassung durch Technik entscheidet heute über das Schicksal der Menschheit. Deshalb ist die Technik aus dem Leben des Menschen nicht mehr wegzudenken.

Die technischen Geräte sind „Kinder des Gehirns", gezeugt im Zusammenspiel von „Hand und Hirn", und sie gehören genauso zum Menschen, wie die leiblichen Kinder. Aber Kinder bereiten leicht Schwierigkeiten, so auch die technischen Geräte, insbesondere wenn ihre Entwicklung noch in den Kinderschuhen steckt. Sie bedürfen dann der besonderen „elterlichen Pflege" und der ständigen „Aufsicht", mitunter allerdings auch der verständigen „Nachsicht", wenn sie die in sie gesetzten Erwartungen nicht erfüllen. Im Großen und Ganzen können wir aber zufrieden sein mit denjenigen, die wir „großzogen". Schließlich können und möchten wir auf die meisten technischen Errungenschaften nicht mehr verzichten, auch wenn sie zunächst die Urgroßeltern-Generation das Fürchten gelehrt haben mögen, wie die Eisenbahn oder das Auto. Der Hinweis auf die Bedeutung der hilfreichen Medizin- und Nachrichtentechnik kann diese Aussage bekräftigen. Wir waren sicherlich alle schon einmal unter den Glücklichen, denen im Krankenhaus oder von medizinischen Notdiensten schnell lebensrettende Hilfe zuteil wurde ...

Dennoch wird vielfach aus Angst vor möglichen Gefahren und Irrtümern nach einem Ausstieg aus der Technik gerufen. Verzicht auf „Kinder" aber bedeutet zunächst Stillstand und schließlich Untergang. Wir müssen Technik betreiben, weil wir inzwischen ohne sie nicht mehr leben können und wir ohne sie auf viele glücklich machende Lebensumstände und Erlebnisse verzichten müssten. „Gib Gas – Ich will Spaß" ist der Titel eines deutschen Musikfilms und eine „Kreuzfahrt ins Glück" der einer Fernsehserie ...

Fazit:

Auch die hilfreiche Technik verdanken wir unserem gut ausgebildeten Bewusstsein. Die Nutzung von Fremdenergie zum Betreiben von Werkzeugen und Maschinen trägt in besonderem Maße dazu bei, das naturgewollte Streben nach einer Maximierung der Entropie, das heißt, nach einer Vermehrung der Unordnung und einer Steigerung der Wärmeproduktion, zu fördern. Werkzeuge und Maschinen lassen sich verstehen als künstliche Organe des Menschen. Durch sie wird der Mensch selbst zum „Werkzeug" – zum aktuell besten „Werkzeug" der Entropie-Maximierung. Sie honoriert es ihm mit dem Versprechen eines angenehmeren, reizvolleren und damit glücklicheren Lebens.

Kapitel 4

Glauben ist „Glückssache"

Warum wir glauben müssen

„Es gibt Leute, die können alles glauben, was sie wollen;
das sind glückliche Geschöpfe."

Georg Christoph Lichtenberg (1742 – 1799),
deutscher Physiker und Aphoristiker

Der Glaube befähigt uns Menschen, Höchstleistungen zu vollbringen, ob in der Architektur oder in der Kunst. Auch nicht gläubige Menschen reihen sich ein in die Besucherschlangen, zum Beispiel vor der Kathedrale „Notre-Dame" in Paris, dem Petersdom in Rom oder der Blauen Moschee in Istanbul.

Der Glaube ist aber auch fähig, uns zu schrecklichen Grausamkeiten anzustiften. Die täglichen Meldungen von religiös motivierten Kriegen und Attentaten bezeugen das!

Selbst in der Familie oder im Freundeskreis kommt es mitunter zu heißen Diskussionen über Glaubensfragen: Da gibt es die überzeugten „Theisten" und „Atheisten", die an die Existenz eines Gottes glauben bzw. nicht glauben und auch noch die „Agnostiker", die sich aus der Diskussion über die Existenz eines Gottes heraushalten, weil sie glauben, sicher zu sein, dass Menschen objektiv nichts sicher wissen können.

Was hat der Glaube an sich, dass sogar die Supermacht USA sich auf ihn beruft: „In God we trust" ist ihr nationales Motto. Es findet sich auf Dokumenten, Geldscheinen und Münzen. Und viele Menschen in islamisch geprägten Ländern wünschen sich einen „Gottesstaat"!

Ja, der Glaube kann sogar Berge versetzen, meint der Volksmund. Kaum zu glauben – aber wahr?

Die angeführten Fakten weisen darauf hin, dass der Glaube ein charakteristisches Merkmal der menschlichen Natur ist. Wenn das stimmt, ist die Wissenschaft gefordert, uns dies zu erklären. Und sie ist bereit und auch fähig dazu, so ihre Aussage.

Wissenschaft – ein Hindernis für den Glauben?

Der englische Biologe und Nobelpreisträger von 1960, Peter Medawar, wurde gefragt: „Glauben Sie an Gott?" Er antwortete etwas genervt: „Natürlich nicht, ich bin doch Naturwissenschaftler!" Die gleiche Meinung vertritt der in Oxford lehrende Biologe Richard Dawkins in seinem provozierenden Buch „Der Gotteswahn". Die Frage stellt sich: Müssen Naturwissenschaftler ungläubig sein, um als Wissenschaftler glaubwürdig zu erscheinen? Können Naturwissenschaftler die Existenz Gottes negieren, „wegbeweisen"? Die Aussagen von Medawar und Dawkins lassen dies vermuten.

Was können die Naturwissenschaften tatsächlich leisten? Offensichtlich eine ganze Menge! Denken wir insbesondere an die Eroberung des Weltraums, die Manipulation der Fortpflanzung, die Gewinnung von Energie aus Masse nach dem Beispiel der Sonnen sowie an ihre Hypothesen über die Entstehung der Welt und der Lebewesen. Für die naturwissenschaftliche Forschung scheint es keine unlösbaren Probleme und für das Wirken eines Gottes keine Notwendigkeit zu geben.

Diese Einsicht könnte es einem Christen tatsächlich schwer machen, an die Existenz eines in dieser Welt tätigen Gottes zu glauben. Das jedenfalls lassen auch die Ergebnisse von Umfragen vermuten, nach denen die naturwissenschaftlichen Erkenntnisse als ein besonders großes Hindernis für den Glauben empfunden werden. Aber – und das ist das überraschend Neue – die Naturwissenschaften führen uns heute auch zu der Erkenntnis, dass das durch die Naturwissenschaften gewonnene Bild der Welt nicht die objektive Wirklichkeit der Welt wiedergibt, sondern nur ein ganz primitives Abbild, dass wir eben doch nicht in der Lage sind, die Welt zu erkennen, wie sie in Wirklichkeit ist. Insbesondere die neueren Erkenntnisse der Biologie, aber auch der Physik, zeigen uns, dass im Grunde das gilt, was schon Platon vor etwa 2400 Jahren mit seinem Höhlengleichnis zum Ausdruck bringen wollte: Mit dem Rücken zum Höhlenausgang sitzend, sieht der Mensch nur das, was von außen an die Höhlenwand projiziert wird; er sieht nur die „Schatten" der Wirklichkeit, die Wirklichkeit selbst bleibt ihm verschlossen.

Wenn das so ist, dann ergeben sich allerdings zwei Fragen: Erstens, wie erklärt es sich, dass unsere Interpretation der Welt so gut mit den Gesetzmäßigkeiten jener angeblich von uns nicht erkennbaren Welt übereinstimmt? Wieso sind wir zum Beispiel in der Lage, zu einem bestimmten Zeitpunkt auf einem bestimmten Planquadrat des Mondes zu landen? Und zweitens, woher haben wir die Gewissheit, dass die Welt nicht so ist, wie wir sie erleben? Gibt es möglicherweise doch eine allwissende und allmächtige göttliche Institution, die das Weltgeschehen nach ihren für uns nicht ergründbaren Plänen dirigiert? Und – hilft nur glauben und beten, um dieser gottgewollten Wirklichkeit näher zu kommen?

Erkennen, um zu überleben

Wie im Kapitel über die Entstehung unseres Bewusstseins ausgeführt (Kapitel 6), hat sich unser Gehirn im Laufe der Evolution entwickelt zur Verbesserung unserer Überlebenschancen. Es steht nicht im Dienst einer objektiven Welterkenntnis. Biologisches Wohlbefinden wird garantiert, nicht Wahrheitsfindung, sagen die Biologen. So entlarvte der im achtzehnten Jahrhundert lebende Philosoph Kant zwar unsere Erkenntnisstrukturen – die Kategorien Raum, Zeit, Kausalität und Substanzialität – als dem Menschen a priori gegebene, also angeborene, „Vorurteile" des Denkens. Woher wir diese angeborenen Denknotwendigkeiten haben, die unser Erkennen bestimmen, wusste er damals allerdings nicht zu sagen. Heute wissen wir es: Sie sind a posteriori als Erfahrung der Art (nicht des Individuums) entstanden und im Erbgut, dem „Gedächtnis" der Art, als Instrumente zum Überleben an das Individuum weitergegeben worden.

Kant hatte deshalb also Unrecht, als er meinte, wir hätten keinerlei Chance, über die objektive Natur der Dinge irgendetwas zu erfahren, weil unser Denken durch die angeborenen Erkenntnisstrukturen fremdbestimmt würde. Das trifft in dieser Grundsätzlichkeit nicht zu, denn unser Erkenntnisapparat (siehe Kapitel 6) musste sich im Verlauf der Evolution immer wieder dem Test an der Realität stellen. Er hat sich offensichtlich bewährt, sonst wäre er wohl von der auslesenden Umwelt verworfen worden. Diese Auffassung vertritt auch der Philosoph und Physiker Gerhard Vollmer: „Unser Erkenntnisapparat ist ein Ergebnis der Evolution. Die subjektiven Erkenntnisstrukturen passen auf die Welt, weil sie sich im Laufe der Evolution in Anpassung an diese reale Welt herausgebildet haben. Und sie stimmen mit den realen Strukturen (teilweise) überein, weil nur eine solche Übereinstimmung das Überleben ermöglichte."

Der „Passungscharakter" der menschlichen Erkenntnis wäre damit erklärt. Aber wie genau und wie umfassend ist das vom Menschen gewonnene Bild von der Welt? Diese Frage muss noch beantwortet werden.

Unser mit Bewusstsein begabtes Gehirn wurde in einer mittleren Dimension – auf der Erde – entwickelt, nicht in der Auseinandersetzung mit Atomen und Milchstraßensystemen. Deshalb versagt unsere Anschauung im mikro- und makrophysikalischen Bereich: Die von Einstein formulierte Relativitätstheorie entkleidet die Kategorien Raum und Zeit der uns vertrauten irdischen Vorstellungen, und die von Heisenberg gefundene Unschärferelation führt uns das Versagen des Kausalitätsprinzips in der Mikrophysik vor Augen. Auch für die

Tatsache, dass Materie und Energie im Prinzip das gleiche sind, fehlt uns das Vorstellungsvermögen, obwohl seit den Kernbombenexplosionen über Hiroshima und Nagasaki niemand mehr daran zweifelt.

Im Mikro- und Makrokosmos erweisen sich also unsere angeborenen Erkenntnisstrukturen als untauglich für die Veranschaulichung der hier gefundenen Gesetzmäßigkeiten. „Ob wir entfernte Sterne oder Elementarteilchen studieren – auf diesen Gebieten endet die Kompetenz unserer Sprache, die Kompetenz unserer konventionellen Kategorien. Mathematik ist die einzige Sprache, die uns verbleibt", sagt der Physiker Heisenberg.

Wie die Religion in die Welt kam

Aus all dem folgt: Die Welt, wie sie sich unserem Bewusstsein präsentiert, bleibt unserem Verständnis zum größten Teil verschlossen, weil unsere Erkenntnisstrukturen unvollkommen und unzureichend sind. Von der Amöbe bis zu Einstein sei nur ein Schritt, meint der Philosoph Sir Karl Popper. Man kann Popper, wie auch Vollmer, zu den Vertretern eines kritischen hypothetischen Realismus zählen. Sie gehen von einer objektiven Realität der Welt aus, über die wir Menschen nur Hypothesen aufstellen können, weil unsere Erkenntnisfähigkeit, evolutionär bedingt, eingeschränkt ist. Solcherart aufgestellte Hypothesen bedürfen allerdings stets der kritischen Prüfung, wobei bedacht werden sollte, dass das Prüfen immer nur ein Falsifizieren, ein Beweisen, dass etwas falsch ist, sein kann, wie Popper betont. Ein Verifizieren, ein Beweisen der Wahrheit, sei dem Menschen aus den dargelegten Gründen gar nicht möglich! Für die eingangs gestellte Frage nach dem Beweis der Existenz bzw. Nichtexistenz eines Gottes bedeutet dies, dass es weder einen Gottesbeweis noch einen „Gottesverweis" geben kann: Die Existenz eines Gottes lässt sich durch die Naturwissenschaften und auch durch die Philosophie nicht falsifizieren, nicht „wegbeweisen".

Aber die Tatsache des Fehlens eines Gottesbeweises besagt nicht, dass es Gott nicht gibt. „Unser Wissen hat Grenzen," sagt Albert Schweitzer, „unser Glauben nicht!" Es ist allein der Glaube, der den Menschen von der Existenz Gottes zu überzeugen vermag. Streng genommen müssen aufgrund des Gesagten auch Atheisten wie zum Beispiel Marx, Nietzsche und Dawkins, die vorgeben, sich sicher zu sein, dass Gott nicht existiert, als Gläubige bezeichnet werden. Dazu passt der Sponti-Spruch: „Man glaubt nicht, wie viel man glauben muss, um ungläubig zu sein!" Auch zum

Unglauben gehört Glauben.

Tatsächlich sind, wie Anthropologen nachgewiesen haben, Spiritualität und Religiosität typische Merkmale des Menschen: Überall dort, wo sich unsere frühen Vorfahren mit der Herstellung von Werkzeugen beschäftigten – dem wichtigsten Indikator für das Menschsein (siehe Kapitel 3 bzw. 6) – wurden auch Hinweise auf religiöse Verhaltensweisen gefunden. Daraus lässt sich schließen, dass die Religiosität mit der Entstehung des menschlichen Bewusstseins in die Welt kam und genauso zum Menschen gehört wie zum Beispiel die Werkzeugherstellung und der aufrechte Gang. Nun ist noch zu klären, welche Beziehung zwischen dem Bewusstsein und der Spiritualität bzw. der Religiosität besteht.

Die Erkenntnisse über den Verlauf der Evolution und die Aussagen des kritischen hypothetischen Realismus sind Produkte unseres Bewusstseins, und sie belehren uns, dass es eine Realität jenseits unserer Erkenntnisfähigkeit, jenseits unserer Vorstellungskraft gibt: den Raum, jenseits des wahrnehmbar Räumlichen, die Zeit, jenseits des messbar Zeitlichen, ein Megagesetz jenseits der vom Menschen erkennbaren Naturgesetze, eine Allmacht jenseits des vom Menschen Machbaren, einen „Metasinn" jenseits des vom Menschen als sinnvoll Erachteten und – möglicherweise – ein ewiges Leben jenseits des aktuell Erlebbaren und des ängstlich erwarteten eigenen Todes. Es ist zu vermuten, dass diese vom Menschen erahnte jenseitige Realität das glückverheißende, erstrebte Jenseits ist, von dem die Religionen sprechen und ihre religiösen Vorbilder Jesus und Mohammed, Buddha und die Verfasser der heiligen Schriften des Hinduismus predigten: Gemeint ist der Himmel beziehungsweise das Paradies der Christen und Muslime, das Nirwana der Buddhisten und das „Erleuchtet-Sein" bei den Hindus.

Dass die angesprochenen großen Religionen im Prinzip nur Spielarten der einen menschlichen Religiosität sind, zeigt das Vorhandensein jener vier für die Religionsausübung typischen Merkmale bei allen diesen Religionen: Da gibt es erstens die Mystik, die die Art und Weise beschreibt, wie sich der Gläubige zum Beispiel durch Gebet und Meditation Gott nähern kann; zweitens die Ethik, die Verhaltensregeln vorgibt für ein gottgefälliges Zusammenleben der Menschen; drittens sind es die Mythen, die der Welterklärung, der Legitimationsfindung und der Verherrlichung des als göttlich Empfundenen dienen sowie viertens die Rituale, die als symbolische Handlungen in Form von Diensten, Festen und „Events" (Kirchentage, Papstbesuche ...) einigend und reinigend wirken sollen.

Biologisch betrachtet, darf die Religiosität zudem als eine für den Menschen vorteilhafte Eigenschaft bezeichnet werden. Hätte sie keine Vorteile, wäre sie sicherlich bereits der Selektion zum Opfer gefallen. Dass sie tatsächlich vorteilhaft ist für den einzelnen Menschen und die menschliche Gemeinschaft, wird auch von Psychologen und Soziologen bestätigt: Sie stellen fest, dass Drogenkonsum, Alkoholismus, Depressionen, Scheidungen und Selbstmord bei gläubigen Menschen seltener vorkommen und dass das Selbstwertgefühl und das solidarische Handeln bei Gläubigen stärker ausgeprägt ist. Hinzu kommt, dass gläubige Menschen mit Schicksalsschlägen besser zurecht kommen: Sie beherzigen die Lebensweisheiten: „Das Leben wird zwar rückwärts verstanden, aber vorwärts gelebt.", und „Wenn Dir das Leben eine Zitrone gibt, mach' Limonade draus!".

Auch dieser Vorteil lässt sich biologisch erklären: Diejenigen Individuen werden von der Selektion bevorzugt, die nicht gleich vor jeder Schwierigkeit kapitulieren, sondern sich geistig und körperlich widerstandsfähig, anpassungsfähig und erfinderisch zeigen, auch weil sie die Gewissheit haben, in existenziellen Grenzsituationen im Glauben Stärke, Trost und – Glück zu finden.

Nicht Grenzen, sondern neue Wege

Angesichts der dargelegten Fakten müssen Dawkins Aussagen, dass Kirche und Gottesglauben verderblich und die Gläubigen therapiebedürftige Kranke seien, als biologisch unsinnig bezeichnet werden. Er muss sich gefallen lassen, in die gleiche Reihe gestellt zu werden, wie zum Beispiel die Kreationisten: Während er die Wissenschaft benutzt, um den Glauben zu diskreditieren, benutzen umgekehrt die Kreationisten den Glauben, um die Wissenschaft zu korrigieren. Das wird insbesondere bei der Interpretation des biblischen Schöpfungsberichts deutlich: Er darf nicht als Schöpfungslehre, sondern muss als zeitgenössischer Schöpfungshymnus verstanden werden.

Vielleicht wollte Dawkins aber auch nur den religiös begründeten Fanatismus anprangern, der so viel Leid und Unglück über die Menschheit gebracht hat und heute noch bringt. Dann übersieht er aber, dass die Religionen im Grunde friedfertig und menschenfreundlich ausgerichtet sind, und nur Machtstreben beziehungsweise ein reformunwilliges Festhalten an überholten moralischen Vorstellungen und politischen Strukturen soviel Unmenschlichkeit hervorbringen kann — man denke nur an die christliche Inquisition vergangener und den islamistischen Terror unserer Tage.

Abschließend lässt sich feststellen, dass die Erfahrung der Begrenztheit des Ich-Bewusstseins den Menschen zu einem Transzendenz-Bewusstsein und auf diese Weise zur Religiosität führt. „Cogito ergo sum!" („Ich denke, also bin ich!") steht demnach gleichberechtigt neben „Cogito ergo credo!" („Ich denke, also glaube ich!"). „Naturwissenschaft oder Glaube?", diese Frage stellt sich nicht. Es geht um „Glaube wegen Naturwissenschaft!". Albert Einstein meinte dazu: „Wissenschaft ohne Religion ist lahm, Religion ohne Wissenschaft ist blind." Und Louis Pasteur stellte fest: „Ein wenig Wissenschaft entfernt uns von Gott, viel jedoch führt uns zu Gott zurück." Viele andere bedeutende Naturwissenschaftler teilen diese Meinung. Max Planck sagte: „Für den gläubigen Menschen steht Gott am Anfang, für den Wissenschaftler steht er am Ende aller Überlegungen." Und Werner Heisenberg bekannte: „Der erste Schluck aus dem Becher der Naturwissenschaft macht atheistisch, aber auf dem Grunde des Bechers wartet Gott!"

Diese Beispiele können uns zu der Einsicht führen, dass die Erkenntnisse der Naturwissenschaften den theologischen Aussagen nicht widersprechen oder ihnen Grenzen setzen. Im Gegenteil: Sie erschließen allem Religiösen neue Möglichkeiten der Interpretation und weisen dem Menschen neue Wege zum Glauben – und zum Glaubensglück.

Fazit:

Der Glaube bzw. die Religiosität ist dem Menschen als Disposition angeboren. Unsere unvollkommene Erkenntnisfähigkeit, basierend auf einem evolutionsbedingt unvollkommenen Bewusstsein, lässt den Menschen selbst unvollkommen erscheinen. Durch den Glauben an eine allgegenwärtige, allwissende, allmächtige und „allgütige" höhere Instanz kann der Mensch seine Unvollkommenheit kompensieren. Dadurch gewinnt er Sicherheit und Selbstvertrauen, die sein Leben freier, glücklicher und damit lebenswerter machen.

Kapitel 5

Zum Glück verführt

Vom „Glücksdoping" zur Sucht

„Man darf Drogen nicht glorifizieren.
Ich kenne genug Leute, die von ihren Trips
nicht zurückgekehrt sind.
Die sprangen aus dem Fenster,
mussten feststellen, dass sie keine
Flügel hatten
und knallten auf den Bürgersteig. "
Paul McCartney (*1942), englischer Musiker

Gift und „Mit-Gift"

Die Elektronik eines Autos ist die jüngste und modernste Errungenschaft im Automobilbau und erfahrungsgemäß die anfälligste gegenüber Störungen. Analoges gilt für das Gehirn des Menschen: Sein jüngster und modernster Teil ist das Vorder- oder Großhirn, der Sitz unseres Bewusstseins. Es reagiert empfindlicher gegenüber „Störungen" als die von ihm umschlossenen stammesgeschichtlich älteren Gehirnteile. Die besondere Empfindlichkeit des Vorderhirns wird von der Medizin genutzt, wenn es darum geht, bei einer Operation durch eine Narkose die Schmerzempfindung auszuschalten.

Jede Narkose ist im Grunde eine Vergiftung des Gehirns, die, wenn sie sehr stark „in die Tiefe" geht, nicht nur das Vorderhirn mit seinem Bewusstsein ausschaltet, sondern auch die robusteren überlebenswichtigen anderen Gehirnteile, die für den Kreislauf, den Stoffwechsel und die Atmung zuständig sind. Nicht umsonst gibt es den Facharzt für Anästhesie, der bei einer Operation gewissenhaft die Vollnarkose durchführt und überwacht.

Narkotisierende Substanzen können – sozusagen als „Mit-Gift" – auch mehr oder weniger starke Glücksgefühle auslösen. Viele dieser Stoffe sind „im Garten von Mutter Natur" vertreten. Sie lassen sich jedoch auch gezielt herstellen in Laboratorien für medizinische Zwecke und in illegalen Drogenküchen fürs „Glücksdoping" ...

Genussmittel mit „Nebenwirkungen"

Als Genussmittel werden solche Substanzen bezeichnet, die nicht der Ernährung dienen, sondern die durch ihre Aromen und Inhaltsstoffe wohltuend wirken auf unsere Sinnesorgane und unser Nervensystem und uns auf diese Weise auch Glückserlebnisse vermitteln können. Zu diesen Stoffen gehören Kaffee und Tee, Kakao und Schokolade sowie Tabak und alkoholische Getränke.

Über die erfrischende Wirkung des Kaffees, die anregende Wirkung des Tees und die stimmungsaufhellende Wirkung von Kakao und Schokolade soll hier nicht gesprochen werden. Sie gelten im wahrsten Sinne des Wortes als „Mittel zum Genuss" und als der Gesundheit förderlich. Anders verhält es sich mit den alkoholischen Getränken und dem Tabak. Ihr Verkauf ist deshalb auch an bestimmte Bedingungen geknüpft.

Der Wein und seine „Verwandten"

„Oh, wie süß!" Wenn wir diesen Ausruf hören, wissen wir, dass etwas Schönes, Begehrenswertes, Glücklichmachendes gemeint ist: Ein „süßes Baby" – vielleicht? Im Grunde geht es aber um das angenehme Geschmackserlebnis „süß", das uns schon von den „süßen Früchten" her (siehe Kapitel 2) bekannt ist. Was passiert nun, wenn man diese süßen Früchte oder deren süße Säfte längere Zeit offen stehen lässt? Es gesellt sich aus der Luft ein winziger Pilz hinzu, der Hefepilz, der den Zucker unter Energiegewinn zu Alkohol und Kohlenstoffdioxid vergärt. Davon profitieren die Winzer, die aus Traubensaft Wein herstellen und die Bäcker, die den Hefepilz zur Teiglockerung beim Brotbacken nutzen sowie auch die Bierbrauer, denn das Bier ist im Prinzip „flüssiges Brot", nicht gebacken, sondern „gehen gelassen", und mit viel Wasser und nur wenig „vermalztem Gerstenmehl" hergestellt. Beim Backen entweicht der entstehende Alkohol als Gas, beim Wein und beim Bier bildet er das Elixier des Produkts. Seine berauschende Wirkung haben die Völker rund um den Erdball schon sehr früh schätzen gelernt.

Die ersten Weinreben wurden bereits vor 8000 Jahren im vorderen Orient angebaut, dort, wo heute der alkoholabstinente Islam zu Hause ist. Dass auch die Muslime die Weinrebe schätzten, geht aus der syrisch-aramäischen Lesart des Korans (Sure 44:54) hervor: nicht „weiße Jungfrauen" (entspricht der traditionellen islamischen Auslegung), sondern „weiße Trauben" beglücken die Gläubigen im Paradies. Weintrauben gelten von alters her im Orient als Sinnbilder der Freude und des Wohlbefindens. Auch die Bibel ist voller Anspielungen auf den Wein. Er gilt als Geschenk Gottes. „Der Wein erfreue des Menschen Herz!", heißt es in Psalm 104.

Von Noah wird berichtet, dass er nach glücklich überstandener Sintflut zunächst einmal seinen

Weinberg in Ordnung brachte, um sich dann vor Freude über seine Rettung mit dem ersten Wein kräftig zu betrinken. Auch Christus saß oft fröhlich beim Wein und vollbrachte sein erstes Wunder bei der Hochzeit zu Kana: „Sie haben keinen Wein (mehr)!" Jesus half, indem er Wasser in Wein verwandelte. Dazu der Kommentar von Papst Franziskus: „Es gibt keine Feste ohne Wein: Stellen Sie sich die Hochzeit zu Kana mit Tee vor ..."

Der Weingenuss war schon früh integraler Bestandteil religiöser Feste und Rituale. Die heidnischen Griechen feierten weinselig ihren Dionysos und die Römer ihren Bacchus. Auch die Ärzte jener Zeit, unter ihnen der berühmte Hippokrates, vertrauten dem Wein und empfahlen ihn als Arznei und Stärkungsmittel.

Selbst die heutige Medizin ist der Meinung, dass der Wein – bei moderatem Genuss – der Gesundheit förderlich ist. Man lobt insbesondere seine gefäßschützenden und stoffwechselanregenden Effekte. Der Wein fördert die Lust am Leben und verleiht dem Geist eine ungeahnte Lebhaftigkeit der Phantasie. Insbesondere unsere Dichter wissen und wussten das zu schätzen. Auch Goethe in Rom: Mit flinker Feder und viel feurigem Wein im Blut schrieb er seine erotischen „Römischen Elegien" ...

Der Wein, insbesondere als Weinbrand genossen, kann jedoch auch der Gesundheit schaden. Wein enthält Alkohol und dieser ist, wie Äther und Chloroform, ein Narkotikum und damit fähig, unser Gehirn zu vergiften. Die geschilderte glücklich machende „Mitgift" des Weins kann deshalb auch schnell zu einem „Gift" werden! Aus Genuss wird dann Missbrauch und aus einem genießenden Trinker ein abhängiger Säufer.

Alkoholsüchtige suchen das Vergessen. Sie wollen sich die schmerzende Last des Daseins von den Schultern wälzen und sich – weil sie das wahre Glück möglicherweise nie kennenlernen werden – wenigstens an der Illusion eines eingebildeten Glücks erfreuen.

Tabak - ein Gift mit Zertifikat

„Die Zigarette ist das einzige Industrieprodukt, das bei bestimmungsgemäßem Gebrauch zum Tode führt." Mit diesen anklagenden Worten rechnet Patrick Reynolds, Enkel des Gründers des Tabakkonzerns „R. J. Reynolds Tobacco Company" („Camel"), mit seinem Großvater und der gesamten Zigarettenindustrie ab.

Dennoch, es ist gerade die Jugend, die zur Zigarette greift. Die Zigarette bietet sich ihr als willkommener Problemlöser an. Und Probleme gibt es insbesondere für junge Menschen genug. Da ist die Pubertät, mit der Herausforderung, eine neue, eine Erwachsenenidentität zu finden. Da gibt es Probleme in der Schule und in der Berufsausbildung, mit der ersten Liebe und mit dem Integrieren in neue Freundeskreise. Das Rauchen kann helfen, diese Probleme besser in den Griff zu bekommen. Die Zigarette wirkt belebend bei Müdigkeit und Erschöpfung und beruhigend bei Stress und Angst. Und nicht nur das: „Sie schmeckt mir einfach, sie macht mich stark – und glücklich!", so der vielfach geäußerte Kommentar. Auch die Tatsache, dass das Rauchen den Hunger verscheucht und „schlank macht", ist für viele ein Grund, zur Zigarette zu greifen. Dass sie auch süchtig macht und ihr Rauch giftig ist, wird trotz Warnhinweisen auf den Zigarettenschachteln leichtsinnig verdrängt.

Auch der Rauch der Shisha-Pfeife ist giftig. Trotzdem erfreut sich das Shisha-Rauchen bei der Jugend und auch bei arabischen Frauen zum Beispiel immer größerer Beliebtheit. Vielleicht geht es bei den arabischen Frauen, ähnlich wie bei der Jugend, um die Bewältigung von Emanzipationsproblemen: Die Frau in der arabischen (Männer) Welt hat in ihrer schwarzen Abaya im Abstand von zwei Schritten ihrem weiß gekleideten Ehemann – sozusagen als Schatten – zu folgen. Dieses „Schattendasein" ist sicherlich schwer zu ertragen bzw. dann leichter und vielleicht auch glücklich machend, wenn man gemeinsam mit „Gleich-Leidenden" zur Shisha-Pfeife greift ...

Beim Rauchen einer Zigarette (oder von Shisha) handelt es sich, chemisch gesehen, um eine „trockene Destillation". Die Zigarette mit ihren künstlich feucht gehaltenen Tabakblättern „verbrennt" nur unvollkommen als „Glimmstängel". In der Industrie fand dieses Verfahren Anwendung bei der Verkokung von Steinkohle in Gasanstalten, wobei (giftige) Gase, genutzt von Haushalt und Industrie, sowie Koks und Steinkohlenteer entstanden.

Der Rauch der Zigarette enthält nicht nur giftige unvollkommen verbrannte Gase, wie Kohlenmonoxid, Blausäure und Schwefelwasserstoff, sondern insbesondere auch das äußerst giftige, süchtig machende Nikotin. Es ist ein Nervengift, das unsere Leber nur sehr langsam abzubauen vermag. Das mit Nikotin „verseuchte" Blut wird zum Beispiel vom Blutegel als Nahrung verschmäht – zum Glück, sagen diejenigen, die im Regenwald Südostasiens unterwegs sind und sich der dort allgegenwärtigen kleinen Blutegel erwehren müssen. Schon der Rauch einer brennenden Zigarette vermag die Blutsauger schnell zu vertreiben.

Auch die im Rauch enthaltenen Teerstoffe schädigen die Gesundheit, indem sie, analog denen des Steinkohlenteers, die Luft-Wege „versiegeln"

– „teeren“ – und in ihnen Krebs entstehen lassen.

Es ist erstaunlich, dass es so viele Raucher gibt, die dieses höllische Giftgasgemisch und den Teer so gut vertragen. Die Vermutung liegt nahe, dass es durch das tägliche Rauchen bei manchen Menschen, genetisch bedingt, zu einer erhöhten „Giftfestigkeit“ und Widerstandskraft des Körpers kommt. Dass dies Ausnahmen von der Regel sind, hätte auch ein kettenrauchender deutscher Altkanzler, seine Vorbildfunktion bedenkend, beachten sollen!

Vom Opium zum Heroin

Das Anritzen noch grüner, unreifer Mohnkapseln des orientalischen Schlafmohns lässt einen weißen Saft austreten, der sich allmählich dunkelbraun verfärbt und, von den Kapseln abgeschabt, das Opium liefert. Bekannt war das Opium bereits den Menschen in den ersten Hochkulturen, die vor etwa 5000 Jahren in den Stromoasen von Euphrat und Tigris und dem Nil lebten. Für die Sumerer im Zweistromland war es ein Freudenspender, für die Ägypter ein Heilmittel, das Schmerzen lindert und Schlaf und Träume schenkt. Dass es möglicherweise auch als Beruhigungsmittel für Kleinkinder Anwendung fand – wie im 19. Jahrhundert der

„Mohnschnuller" in Europa – lässt der Fund einer Kindermumie vermuten, bei der man Opium im Mundraum fand. Das Kind starb möglicherweise an einer Überdosis.

Im antiken Griechenland wurde Opium für kultische und medizinische Zwecke verwendet. In Epidauros, wo Asklepios, der Gott der Heilkunde, verehrt wurde, durften sich die Kranken in riesigen Ruhehallen nach Verabreichung eines mit Opium angereicherten Trunks gesund schlafen. Da Opium selbst bitter schmeckt und in Wasser nicht so gut löslich ist, wurde die „bittere Medizin" mit Honig gesüßt und, zur Verbesserung der Löslichkeit, mit Wein versetzt. Dieser Trunk machte als „Theriak" Karriere – als bestes Heilmittel der Antike! Natürlich konnte Theriak nicht heilen. Er war aber in der Lage, dem Kranken eine als glücklich empfundene schmerzfreie Zeit zu schenken. Kein Wunder, dass auch der berühmteste Arzt des Römischen Imperiums, der zur Zeit Mark Aurels in Rom wirkende Galenus, sich dieser „wirksamsten aller Medizinen sowohl für den Körper als auch für den Geist" bediente. Dass nach stetiger Verabreichung dieser Wundermedizin viele seiner Patienten süchtig wurden und nicht mehr ohne diesen Schmerzfreiheit versprechenden und angenehme Träume schenkenden, glücklich machenden Trunk leben wollten, ist verständlich.

Im christlichen Mittelalter verlor Theriak seine Bedeutung als „Heilmittel". Der Wundertrank wurde von Karl dem Großen verboten und als Satanswerk geächtet. Krankheiten betrachtete man zu jener Zeit als Strafe Gottes, die nur durch Gebete mit Hilfe des Heilands geheilt werden konnten. Erst mit der Renaissance, in der die Gedankenwelt der Antike wieder neu belebt wurde, kehrte Theriak in die Medizin zurück, nun als „Laudanum", der Geheimmedizin des berühmt-berüchtigten Mediziners und Philosophen Paracelsus. Laudanum wurde zur Modemedizin bis ins 19. Jahrhundert hinein. Es hatte auch einen festen Platz in Goethes Medizinschrank, verordnet von seinem und Schillers Hausarzt, dem gelehrten Dr. Hufeland. Dieser schrieb in seiner „Anleitung zur Medizinischen Praxis", es gäbe nur drei kardinale Heilmittel: den Aderlass, die Brechmittel und das Opium. „Wer diese drei recht anzuwenden weiß, der ist der Meister."

Das Opium war aber nicht immer von gleicher Qualität und erwies sich in seiner schmerzlindernden Wirkung mal stärker und mal schwächer. Das ließ einen jungen Apotheker und Zeitgenossen „unserer Klassiker" nicht ruhen. In seiner Apotheke in Paderborn analysierte er das Opium, erkannte mehrere Inhaltsstoffe und testete sie einzeln in Selbstversuchen im Hinblick auf ihre narkotisierende Wirkung. Auf diese Weise entdeckte er im Opium eine Substanz, die er zunächst das „schlafmachende Prinzip" und später „Morphium" nannte (heute Morphin) nach Morpheus, dem griechischen Gott des Schlafes. Der junge Apotheker hieß Sertürner. Und es war Goethe persönlich, der Sertürner 1817 für seine wissenschaftliche Leistung auszeichnete und ihn zum „Auswärtigen Mitglied" der „Sozietät für die gesamte Mineralogie in Jena" ernannte.

Die große Bewährungsprobe für das Morphium als Schmerz- und Narkosemittel kam mit dem Deutsch-Französischen Krieg von 1870/71. Die Waffensysteme und mit ihnen die Verletzungen wurden immer lebensbedrohender und machten immer kompliziertere Operationen notwendig. Morphium, nun mit der vom Franzosen Pravaz erfundenen Injektionsspritze verabreicht, rettete viele Menschenleben – und hatte ein Nachspiel.

Viele der mit Morphium behandelten Verwundeten verlangten nach immer neuen und größeren Portionen jenes Betäubungsmittels, das sie den Krieg so glücklich hatte überleben – und süchtig werden lassen. Man suchte nun nach einem Medikament, das sie von dieser Sucht befreien konnte. Bei der Firma Bayer in Elberfeld wurde man fündig. Das Medikament, das man für die „Heroen" des Krieges 1870/71 entwickelte, wurde 1898 unter dem Warenzeichen „Heroin" angemeldet. In der „Bayer-Bibel" für Ärzte hieß es: „Es ist ein Stoff, dessen Eigenschaften nicht zur Gewöhnung führen, der sehr einfach anzuwenden ist und der als einziger die Fähigkeit hat, Morphinsüchtige schnellstens zu heilen." Tatsächlich verlangten Morphinsüchtige fortan nur noch Heroin statt Morphin!

Hergestellt wurde das Heroin aus Morphin durch Umsetzung mit Essigsäureanhydrid. Ähnlichen Erfolg hatte man mit diesem Verfahren schon zuvor bei der „Bändigung" der als unverträglich geltenden Salicylsäure. Diese kommt in der Rinde der Weide (Salix spec.) vor und diente schon den Indianern als Mittel gegen Schmerzen. Aus ihr stellte man mit Essigsäureanhydrid die Acetylsalicylsäure (ASS) her, bekannt unter dem Warenzeichen „Aspirin". Aspirin und Heroin wurden die Renner im Programm der Bayer-Werke: das Aspirin als Mittel gegen Kopfschmerzen und Heroin als Mittel gegen die Morphinsucht und den Husten. Das Aspirin gibt es heute noch, das Heroin als Medikament nicht mehr. Es wurde 1917 im Deutschen Reich als Betäubungsmittel klassifiziert und damit apothekenpflichtig, war aber auf dem deutschen Markt noch lange frei verfügbar. 1924 wurde es in den USA, angesichts der vielen Heroinsüchtigen, verboten. Nach dem schließlich weltweiten Verbot des Heroins begannen sich – wie vorauszusehen war – kriminelle Organisationen des Heroins anzunehmen ...

Dennoch, das Morphin selbst ist auch heute noch ein unentbehrliches Medikament in der Hand des Arztes. Es findet insbesondere in der Palliativmedizin eine willkommene Anwendung, weil es starke Schmerzen zu lindern und glückliche Träume zu schenken vermag.

An dieser Stelle soll noch darauf hingewiesen werden, dass es auch körpereigene, von Gehirnzellen gebildete, sogenannte „Endorphine" gibt (von endogen und Morphin abgeleitet). Wie Morphin docken sie an die Opiat-Rezeptoren im Gehirn und im Rückenmark an und unterbinden die Schmerzleitung, insbesondere nach schweren Verletzungen. Es gibt zudem Hinweise, dass Endorphine auch bei gewissen mit Schmerzen verbundenen körperlichen Anstrengungen – dem Joggen zum Beispiel – wirksam werden und neben Schmerzfreiheit sogar Glücksgefühle vermitteln können. Auch beim sogenannten „Flow"- Phänomen, dem völligen Aufgehen bzw. dem „Versunkensein" in eine anstrengende aber gern ausgeübte Tätigkeit, sind Endorphine im Spiel. Der Flow ist eine Art „Schaffensrausch", der, wie jeder Rausch, als beglückend empfunden wird – und süchtig machen kann. Computerspieler und Motorradfahrer, Drummer und auch Schriftsteller wissen davon zu berichten.

Vom Coca zum Kokain

Die Opium-Bauern in Afghanistan zum Beispiel und die Coca-Bauern in den Anden gehen mit ihrer Ernte unterschiedlich um: Die Opium-Bauern lassen in der Regel die Finger von ihrer Ernte beziehungsweise brühen sich allenfalls einen Tee aus Mohnsaat auf, einer harmlosen Variante des Opium-Genusses. Sie haben die Bilder vor Augen, wie sich Heuschrecken an dem Milchsaft der Mohnkapseln zu Tode „schlecken" und wie Ratten, die die toten Heuschrecken fressen, sich zu Tode quälen. Anders die Coca-Bauern, die in großen Höhen der Anden leben. Sie kauen die Blätter des Cocastrauchs zusammen mit etwas Kalk. Das hilft ihnen, Hunger und Müdigkeit zu verdrängen und mit dem reduzierten Sauerstoffangebot der Luft zurecht zu kommen. Die geringe Menge des durch Kauen freigesetzten Kokains in Verbindung mit dem Kalkzusatz verhindert, dass die Coca-Kauer süchtig werden.

Der Coca-Strauch, aus dessen Blättern das Kokain gewonnen wird, wächst an den Osthängen der Anden. Seine Hauptanbaugebiete liegen in Peru, Bolivien und Kolumbien. Der Anbau der

Coca-Pflanze ist in bestimmten Mengen gestattet, die Weiterverarbeitung der Blätter zur Gewinnung des Kokains dagegen streng verboten.

Das Kokain ist wie das Morphin eine Rauschdroge. Sie wird als „Schnee" oder „Koks" geschnupft oder, mit dem hauptsächlich aus Natron bestehenden amerikanischen Backpulver vermischt, als „Crack" geraucht. Der Konsum von Kokain wirkt euphorisierend und führt zu einer gefährlichen Selbstüberschätzung. Er macht zudem psychisch abhängig, führt aber nicht unbedingt zur Sucht wie beim Morphin, wo es beim Absetzen der Droge stets zu Entzugserscheinungen kommt. Dennoch muss vor dieser Droge gewarnt werden: Eine Überdosis führt auch hier zum Tod durch Herz- und Atemlähmung.

Der Hauptproduzent des Kokains ist nachweislich Kolumbien. Von hier aus gelangt das Kokain, von mächtigen Drogenkartellen gesteuert, über Mittelamerika, Mexiko und die Karibik zu den Abnehmern in Nordamerika und in Europa. Der Kampf gegen die Drogenkartelle erwies sich bisher als erfolglos. Dabei wäre er, im Hinblick auf die illegale Herstellung von Kokain, durchaus zu gewinnen, denn im Gegensatz zur Isolierung des Morphins und der Herstellung des Heroins ist zur Produktion von Kokain „viel Chemie" notwendig. Allein zur Extraktion des Kokains aus den Blättern werden riesige Mengen organischer Lösungsmittel benötigt. Die Beschaffung und die Bereitstellung dieser Riesenmengen müssten auffallen. Aber der erpresserische Druck der militanten Drogenkartelle in Verbindung mit der weit verbreiteten Korruption in den vom Kokain-Handel betroffenen Staaten verhindert offensichtlich alle Bemühungen, das Drogenverbot durchzusetzen.

Bleibt noch nachzutragen, dass es ein Erfrischungsgetränk gibt – weltweit vertrieben und Generationen übergreifend beliebt – mit Coca im Namen aber ohne Kokain im Inhalt: Coca-Cola. Tatsächlich aber enthielt Coca-Cola laut Originalrezept – vom Apotheker Pemberton 1887 zum Patent angemeldet – 250 Milligramm Kokain im Liter. Pemberton experimentierte viel mit Kokain, weil er hoffte, mit dieser Droge seine Opium-Sucht bekämpfen zu können. Heute enthält Coca-Cola lediglich kokainfreie Extrakte der Blätter des Coca-Strauchs, zudem Auszüge von Kolanüssen sowie Coffein und viel, viel Zucker.

Cannabis – vom Rauschmittel zum Medikament?

Veggie-Day, mit Cannabis (Hanf) als Teil des vegetarischen Menüs – zu Desserts verarbeitet oder in Joints geraucht? Wenn es nach „grün"-orientierten

Politikern geht, sollte das möglich sein. Auch die WHO setzt sich für eine Freigabe von Cannabis-Produkten ein. Unterstützung finden die Grünen auch bei den Linken. Sie fordern eine sofortige Freigabe dieser Droge, zumindest für den Hospiz-Bereich.

Im März 2015 debattierte der Deutsche Bundestag zum ersten Mal über ein Cannabis-Kontrollgesetz, das die Grünen eingebracht hatten. Die Grünen sehen in Cannabisprodukten, wie Marihuana (getrocknete, harzhaltige Blüten) und Haschisch (extrahiertes Harz), ungefährliche Alltagsdrogen und fordern deren Legalisierung. Zu Ehren dieser Politiker sei angemerkt, dass nicht nur hedonistische Bestrebungen, sondern auch drogenpolitische Überlegungen dahinterstecken. Tatsächlich lässt sich feststellen – ein 2013 veröffentlichtes Manifest von Strafrechtlern und Kriminologen weist darauf hin – dass das strafrechtliche Verbot von Drogen gescheitert ist. Eine „Anti-Drogenpolitik" dürfe nicht auf absolute Drogenabstinenz setzen. Cannabis sei eine „sanfte Droge" mit nur geringem Suchtrisiko. Sie habe eine relaxierende und sedierende Wirkung und sei somit auch als Medikament tauglich. Die Legalisierung von Cannabis – die kontrollierte Abgabe nur an Erwachsene – sei eine große Chance und die Durchführung einen Versuch wert. Auf diese Weise ließe sich auch der illegale Schwarzmarkt austrocknen, so die Hoffnung vieler Politiker und Juristen.

Kanada und viele Bundesstaaten der USA gehen bei der Legalisierung von Cannabis-Produkten voran. Der Cannabis-Markt in Nordamerika blüht auf – nun nicht mehr „schwarz" und illegal, sondern „grün" und erwünscht! Dass der Staat durch die zu erwartenden Steuermehreinnahmen an der Cannabis-Legalisierung mitverdient, soll nicht unerwähnt bleiben.

Und in Deutschland? Inzwischen vermochte die grün-linke Opposition die schwarz-rote Regierung von der Nützlichkeit der Cannabispflanze für die Medizin zu überzeugen; und gemeinsam beschlossen sie 2017 ein Gesetz, das – unter strengen Auflagen – Cannabisprodukte für medizinische Zwecke freigibt.

„Glückspillen"

3,4-Methylen-dioxy-N-methylamphetamin (MDMA, XTC), das ist die Formel des Wirkstoffs, der in den bunten Ecstasy-Pillen enthalten ist. Er löst Glücksgefühle aus, verscheucht Müdigkeit und Hunger und steigert die Kontaktfreudigkeit. Das hat Ecstasy den Ruf einer Party- und Kuscheldroge eingebracht. Sie macht zwar körperlich nicht abhängig, erzeugt aber eine „After-Party-Depri", einen Kater, der jedoch vielen Jugendlichen keinen Schrecken einzujagen vermag. Dabei sollten sie ihn ernst nehmen, denn er ist der Vorbote einer beginnenden Zerstörung der Gehirnzellen.

Nicht nur die Pharmaindustrie sondern auch die Betreiber illegaler Drogenküchen verstehen es immer besser, mit „Designer-Präparaten" virtuos auf der Klaviatur unseres über Synapsen gesteuerten Nervensystems zu spielen. Synapsen befinden sich an den Verbindungsstellen der Nervenzellen. Über sie kommunizieren die Nervenzellen miteinander. Dabei spielen die sogenannten Transmitter-Substanzen wie Serotonin, Dopamin und Noradrenalin die Hauptrolle. Durch Mangel bzw. Überschuss wirken diese Substanzen hemmend bzw. fördernd auf die Weiterleitung der elektrischen Impulse an den Synapsen. Im Gehirn führt das zu Stimmungs- und Bewusstseinsveränderungen. Von Ecstasy weiß man, dass es die Ausschüttung der Transmitter Serotonin sowie Noradrenalin und Dopamin fördert. Das lässt eine euphorische Stimmung entstehen, die aber in eine depressive umschlagen kann, sobald die Transmitter-Speicher leer sind.

Ein chemischer Verwandter von Ecstasy – einfacher herzustellen und schon lange bekannt – ist Methylamphetamin, heute als Rauschdroge „Crystal Meth" illegal in „vieler Munde". Methylamphetamin war auch in Hitlers „Panzerschokolade" enthalten. Mit ihr, psychisch „aufgerüstet", zogen deutsche Soldaten in die Blitzkriege nach Polen und Frankreich. Zudem wurden Pervitin-Tabletten, die ebenfalls Methylamphetamin enthielten, an die Truppe verteilt. Sie sollten die Kampfbereitschaft der Soldaten fördern, Müdigkeit und Angst vertreiben und auf diese Weise mithelfen, das Kriegsglück zu erzwingen. Hitler selbst, so wird berichtet, sei stark pervitinabhängig gewesen ...

Man fühlt sich in diesem Zusammenhang erinnert an die gedopten Krieger von Alexander dem Großen und jene des lange als unbesiegbar geltenden Osmanischen Heeres. Sie alle erhielten unter anderem Opium als Sold. Es machte sie mutig und angstfrei und ließ sie von Sieg zu Sieg eilen bis hin nach Indien bzw. bis vor die Tore von Wien. Noch heute säumen blühende Mohnfelder die Straßen ihrer Siegeszüge ...

Neben den genannten, illegal gehandelten Aufputschmitteln gibt es legal erwerbbare Beruhigungsmittel, sogenannte Tranquilizer. Sie müssen allerdings vom Arzt verschrieben werden. Das bekannteste unter ihnen ist das Valium (Diazepam). Es wirkt angstlösend, entspannend und schlaffördernd und damit für die betroffenen Patienten sicherlich auch glückspendend. Von

der Weltgesundheitsorganisation (WHO) wurde
Valium inzwischen „geadelt", indem es Aufnahme
fand in die Liste der für die Menschheit unent-
behrlichen Medikamente. Das wirft ein Schlaglicht
auf die Probleme unserer Zivilisation: Leistungs-
druck, Konsumdenken und Zukunftsängste werden immer beherrschender, verunsichern immer
mehr Menschen und rauben ihnen den Schlaf.
Kein Wunder, dass Tranquilizer zu den am häu-
figsten verschriebenen Medikamenten gehören –
nicht nur medikationsbedingt, sondern auch, weil
inzwischen viele Menschen vom Konsum dieser
Glückspillen abhängig wurden ...

Fazit:

Schon früh in seiner Kulturgeschichte entdeckte der
Mensch die Rauschmittel als zusätzliche „Glücks-
spender". Sie vermögen dem Menschen bei mäßi-
gem Gebrauch kleine Paradiese zu erschließen. Bei
Missbrauch jedoch lassen sie ihn die Qualen der
Hölle erleben. Das trifft insbesondere auf jene zu,
die mit der Lebenswirklichkeit nicht zurechtkom-
men und vor ihr in ein zweifelhaftes Drogenglück
fliehen. Dieses entpuppt sich dann meist als ein
in die Selbstzerstörung führendes Unglück – was
natürlich nicht im Sinne der Evolution und des sie

antreibenden „Entropie-Gesetzes" ist (siehe Kapitel 7)...

Kapitel 6

Vom Greifen zum Begreifen

Wie Glück und Unglück in die Welt kamen

„Lernen Sie den Augenblick begreifen!
Das Bewusstsein ist die höchste Lust
des Lebens."

Richard Dehmel (1863 – 1920),
deutscher Dichter

Bei den Lebewesen unterscheiden wir zwischen Pflanzen und Tieren. Pflanzen sind in unseren Augen „moralische" Geschöpfe: Sie nehmen mit ihren Blättern die Energie der Sonnenstrahlen in sich auf und produzieren mit ihrer Hilfe aus Wasser, Kohlenstoffdioxid und Salzen energiereiche organische Stoffe. Sie erwecken sozusagen Totes zum Leben. Tiere dagegen sind „unmoralisch": Sie töten, um aus der energiereichen Substanz des Getöteten – ob Pflanze oder Tier – jene Kraft zu ziehen, die sie für ihr eigenes Leben benötigen.

Seit Darwin wissen wir, dass alle auf der Erde lebenden Pflanzen und Tiere, also auch der Mensch, nicht von Anbeginn existiert haben. Sie sind Produkte der biologischen Stammesgeschichte, der

Evolution. „Darwins Evolutionstheorie darf heute als geradezu physikalisch – nicht nur auf der Ebene der lebendigen Zelle, sondern der Moleküle – begründet und experimentell nachgeprüft, angesehen werden." Das könnte ein Biologe gesagt haben. Es sind aber die Worte des Theologen Hans Küng. Darwins Evolutionstheorie besagt im Prinzip Folgendes: Das Individuum, das seinen Umweltbedingungen besser angepasst ist, verdrängt das etwas weniger gut angepasste Individuum. Die Voraussetzungen für die Anpassungsprozesse liefert das Erbgut: Es ändert sich in natürlicher Weise, indem es sogenannte Mutationen zulässt. Diese Mutationen sind verantwortlich für die große Variabilität der Eigenschaften der einzelnen Lebewesen. Damit repräsentieren die Mutationen sozusagen die „Phantasie der Natur", an denen die Umwelt als „Vernunft der Natur", selektierend und die Anpassung optimierend, angreifen kann.

Was hat nun Darwins Evolutionstheorie mit der Entstehung des menschlichen Bewusstseins zu tun? Für die tierischen Lebewesen war es auf der Suche nach „Beute" von Vorteil, Organe zu besitzen, die Informationen über die Umwelt sammeln und auswerten konnten. Es hatten demnach jene Lebewesen bessere Überlebenschancen, die in der Lage waren, sich ein jeweils „richtigeres Bild" von ihrer (Um)Welt zu machen und ihr Verhalten darauf abzustimmen. Der Verhaltensforscher Konrad Lorenz erklärte, bei den tierischen Lebewesen komme es zur Ausbildung sogenannter „Weltbild-Apparate". Auch der „Erkenntnis-Apparat" des Menschen gehöre dazu.

Um stets genügend Beute machen zu können, entwickelten die Tiere deshalb spezielle Sinnes- und Bewegungsorgane sowie auch mehr oder weniger erfolgreiche „Waffensysteme". Zur Koordination und Steuerung all dieser Organe legten sie sich ein Nervensystem zu mit einem Gehirn als Schaltzentrale. Dabei zeigte sich: Je besser das Nervensystem, desto umfangreicher die Beute und entsprechend groß das Durchsetzungsvermögen des Tieres.

Die Primaten, zu denen die Affen und Menschen gehören, wurden die Primi unter den Tieren, da sie das beste Nervensystem ausbildeten. Dies war möglich, weil vor etwa siebzig Millionen Jahren die bis dahin unseren Planeten beherrschenden wechselwarmen Saurier, durch einen Klimawechsel bedingt (wahrscheinlich durch einen gewaltigen Meteoriteneinschlag verursacht), in Konkurrenz gerieten mit den leistungsfähigeren gleichwarmen „Säugetier-Prototypen". Die Saurier wurden verdrängt, starben aus und machten so den Weg frei für eine Neuverteilung des „Pflanzenkuchens" unserer Erde, wobei sich unsere frühen affenähnlichen Vorfahren für die „Rosinen des Kuchens", das heißt, für die süßen Früchte in den Bäumen, entschieden. Früchte aber sind im Blattgewirr der Bäume schwer auszumachen. Außerdem ist eine große Geschicklichkeit erforderlich, um an sie heranzukommen. Deswegen waren nur diejenigen im Geäst der Bäume erfolgreich, die insbesondere ein gutes räumliches Sehen, eine exakt zupackende Greifhand und ein schnell arbeitendes Nervensystem entwickelten. „Der Affe, der keine realistische Wahrnehmung von dem Ast hatte, nach dem er sprang, war bald ein toter Affe – und gehört nicht zu unseren Vorfahren", stellt der amerikanische Biologe George Gaylord Simpson trocken und bildhaft fest.

Die Greifhand ermöglichte zudem das Festhalten und Zerkleinern der Beute. Bei den handlosen Säugern muss diese Arbeit ein starker Kiefer übernehmen. Er wurde deshalb relativ groß bei diesen Tieren. Der Kiefer der Primaten dagegen konnte klein bleiben und Platz lassen für die Vergrößerung des Vorderhirns. Ohne Hand kein Hirn! Hand und Hirn gingen eine „hoffnungsfrohe Ehe" ein (siehe Kapitel 3).

Ausgestattet mit einer immer geschickter agierenden Hand und einem immer größer werdenden Gehirn, wagte sich ein Teil der Baumbewohner auch unter die Bäume und in die freie Ebene. Sie ließen das Gewirr der Baumstämme, das wie ein Gitterwerk den schon so regen Geist gefangen hielt, hinter sich und eröffneten als Aufrechtgeher Hand und Hirn neue Freiheiten. Der vordere Teil des Gehirns, das Vorderhirn mit seinem präfrontalen Cortex, vergrößerte sich besonders schnell. In ihm bildete sich eine Art Projektionsschirm aus, der es dem Menschen erlaubte, sich gleichzeitig als Subjekt und Objekt des eigenen Handelns zu begreifen. Aus dem Greifen wurde das Begreifen: Es kam zur Ausbildung des Bewusstseins! Die Natur hatte damit das Lebewesen „Tier" aus der Geborgenheit der Instinkte als „Mensch" in die riskierte Freiheit der Selbstbestimmung entlassen. In dieser uns durch das Bewusstsein neu erschlossenen Welt gibt es zum Beispiel Liebe und Leid, Freude und Sorge sowie Gutes und Böses. Damit kam auch das Erleben von Glück bzw. Unglück in die Welt – als Belohnung bzw. Bestrafung für ein dem (Über)Leben dienliches bzw. nicht dienliches Verhalten.

Es kann vermutet werden, dass der christliche Mythos von der „Vertreibung aus dem Paradies" sich gleichfalls auf das „Erwachen" des Bewusstseins bezieht. „Und werdet sein wie Gott, wissend, was gut und böse ist", verspricht die Schlange den Menschen, wenn diese (verbotenerweise) vom

Baum der Erkenntnis essen. Es kam zum „Sündenfall" und damit auch zur „Vertreibung aus dem Paradies": „Da wurden ihrer beider Augen aufgetan, und sie wurden gewahr, dass sie nackt waren" und – dass es „Kummer" gibt und „Schmerzen" und auch den Tod, der sie wieder „zu Erde werden" lässt. So kam das als Strafe empfundene Leiden in die christliche Welt aber auch die göttliche Gabe des bewussten Erkennens, denn die Menschen hatten vom Baum der Erkenntnis gegessen, „von dem gut zu essen" ist, und der „klug macht". Glück und Unglück waren damit vorprogrammiert.

In dem Roman von Aldous Huxley, „Schöne neue Welt", vollzieht sich Umgekehrtes: Den Menschen dort wird das Bewusstsein genommen. Es wird abgeschaltet durch prä- und postnatale Manipulationen an Geist und Körper sowie durch die Verabreichung der Droge „Soma". In der „neuen Zivilisation" sind alle Menschen glücklich. Es zeigt sich jedoch, dass dieses Glück nur ein scheinbares ist. Darauf macht uns die Begegnung mit dem Außenseiter John (in der deutschen Übersetzung Michel, „der Wilde") aufmerksam. Er wuchs in einem Reservat „unmanipuliert" auf, will sich in die „neue Zivilisation" nicht einfügen und protestiert: „Ich brauche keine Bequemlichkeiten. Ich will Gott, ich will Poesie, ich will wirkliche Gefahren und Freiheit und Tugend. Ich will Sünde. Ich fordere das Recht auf Unglück!" So ist das nun einmal: Wie kann man wissen, was „Glück" bedeutet, wenn man das „Un-Glück" selbst nie erlebt hat!

Ergänzend dazu, soll der große Universalgelehrte Leibniz zitiert werden. Er meinte, wir Menschen leben nicht in einer vollkommenen Welt, der besten aller Welten. Nur Gott sei vollkommen. Wir leben in der „besten aller möglichen Welten", das heißt, in einer Welt, die dem Menschen das größte Empfindungs- und Handlungspotenzial bietet. Es ist eine Welt, in der es Freude gibt aber auch Leid, Hoffen und Bangen, das Erleben von Glück aber auch von Unglück ...

Dazu passt die folgende fiktive Anekdote über einen anderen Großen der Wissenschaft: Albert Einstein, der große Physiker, starb, kam in den Himmel und traf den Lieben Gott. Einstein klagte: „Mein ganzes Leben lang habe ich nach der Weltformel gesucht und sie nicht gefunden. Du kennst sie, Lieber Gott, verrate sie mir." Der Liebe Gott kramte in seinem Archiv, fand ein altes Stück Papier und überreichte es Einstein. Der las und rechnete und – stutzte: „Die Formel ist ja voller Fehler." „Ja", gestand der Liebe Gott, „die habe ich extra hineingeschrieben, denn ohne sie gäbe es kein Gut und kein Böse, kein Glück und kein Unglück und auch – keinen Glauben, keine Religion." Einstein dankte dem Lieben Gott für die himmlische Auskunft und für die Bestätigung seiner, Einsteins, irdischen (schon zitierten) Erfahrung: „Wissenschaft ohne Religion ist lahm und Religion ohne Wissenschaft ist blind."

Fazit:

Das Bewusstsein ist ein Produkt der biologischen Evolution und charakteristisch für die menschliche Erkenntnisfähigkeit. Es hilft uns, aus der Vergangenheit zu lernen, um die Gegenwart zu meistern und Vorsorge treffen zu können für die Zukunft.

Aber nicht nur die Gabe des Erkennens, auch die des Fühlens und Mitfühlens verdanken wir unserem Bewusstsein. Es ermöglicht uns, Freude und Leid zu empfinden, Angst und Hoffnung, Sorge, Fürsorge und Liebe und auch das Glück, das wir anstreben und das Unglück, das wir zu vermeiden suchen. Unsere Gefühle begleiten unser Handeln und Denken, prägen, würzen und lenken unser Leben und helfen uns auf diese Weise, unser Leben im Sinne eines besseren Überlebens – glücklich machend – zu gestalten.

Kapitel 7

Der Mensch – ein glückliches „Werkzeug"?

Über die Rolle des Menschen in der Natur

*„Unser Leben währet siebzig Jahre,
und wenn's hoch kommt,
so sind's achtzig Jahre,
und wenn's köstlich gewesen ist,
so ist es Mühe und Arbeit gewesen."*

Psalm 90, Vers 10

„Im Anfang war das Wort", liest man im Johannesevangelium; „Im Anfang war die Tat", meint Goethes Faust – und „Im Anfang war der Unterschied", sagen die an der Thermodynamik sich orientierenden Physiker. Und wir verspüren es im eigenen Erleben: Es sind die Unterschiede „heiß und kalt", „viel und wenig", „reich und arm" und auch „glücklich und unglücklich", die die Welt auf Trab halten – im positiven wie im negativen Sinn!

Die Thermodynamik, auch Wärmelehre genannt, ist ein Teilgebiet der Physik. Wir müssen akzeptieren, dass alle Strukturen im Universum, ob lebendig oder nicht lebendig, und alle Vorgänge im Universum, auch die Evolution des Menschen, den Gesetzen der Physik zu gehorchen haben.

Bei dem angesprochenen Unterschied, der das Geschehen auf unserer Erde bestimmt, geht es um den Energieunterschied zwischen der „heißen" Sonne und der „kalten" Erde. Energieunterschiede gleichen sich auf natürliche Weise aus. Die Hauptsätze der Thermodynamik geben dazu die „Spielregeln" vor und zeigen auf, wie aus dem „Heiß" und „Kalt" möglichst schnell ein „Lau" wird.

Das Streben nach Unordnung

Nach Albert Einstein gebührt den Hauptsätzen der Thermodynamik ein besonders hoher Rang unter den Naturgesetzen. Sie gelten für sogenannte geschlossene Systeme. Das sind Strukturen, denen weder Energie noch Materie zugeführt oder entzogen wird. Unser Universum ist ein solches geschlossenes System. Der erste Hauptsatz besagt nun, dass die Energiemenge im Universum konstant ist. Energie wird demnach weder erzeugt noch vernichtet, sondern lediglich umgewandelt. Dass solche Energieumwandlungen möglich sind, lehrt uns der tägliche Umgang mit elektrischen Geräten, zum Beispiel im Haushalt. Der zweite Hauptsatz ergänzt den ersten insofern, als er Auskunft gibt darüber, in welche Richtung die Energieumwandlung verläuft: Sie ist stets so gerichtet, dass die Wärmemenge und mit ihr die Unordnung im Universum – die sogenannte „Entropie" – zunimmt. Ein Beispiel möge diesen Sachverhalt veranschaulichen: Wir nutzen die elektrische Energie aus der häuslichen Steckdose zum Betreiben einer Kaffeemaschine und machen uns eine Tasse heißen Kaffee. Dabei wird hochwertige, das heißt „geballte", geordnete elektrische Energie in niedrigwertige, das heißt „verstreute", ungeordnete Wärmeenergie umgewandelt. Nicht umsonst wird uns vom Elektrizitätswerk eine Rechnung über „verbrauchte" Energie präsentiert. Wir haben sie aber beim Kaffeekochen nicht vernichtet, sondern lediglich entwertet, das heißt, wir haben sie in eine „unordentliche" Energieform, die Wärmeenergie, überführt und sie damit dem weiteren nutzbringenden Zugriff durch den Menschen entzogen.

Von lokaler Ordnung zu globaler Unordnung

Wenn man den Verlauf der gesamten Evolution – vom Urknall bis zum Menschen – betrachtet, kann man allerdings zu einem anderen Schluss kommen: Nicht die Unordnung im Universum nimmt zu, sondern die Ordnung. So entstehen zum Beispiel durch den Zusammenschluss der kleinen Elementarteilchen die Atome, daraus die größeren Moleküle, aus den Molekülen die Lebewesen, zunächst die Einzeller, dann die Vielzeller und mit ihnen auch die mit Bewusstsein begabten Menschen. Unter der „Regie" des Bewusstseins nimmt die Ordnung weiter zu: vom Faustkeil zur Werkzeugmaschine, vom Dorf- zum Welthandel und von der Sippe zur Staatengemeinschaft. Überall Zunahme von Komplexität und Zunahme von Ordnung! Diese Beobachtungen und auch das Grünen und Sprießen, das uns die Pflanzen in jedem Frühjahr stets neu vor Augen führen, stehen offensichtlich im Widerspruch zu den Aussagen der Physik, hier zu den Hauptsätzen der Thermodynamik. Diese fordern eine Zunahme der Unordnung und nicht der Ordnung! Gibt es einen solchen Widerspruch tatsächlich?

Der Nobelpreisträger für Chemie, Ilya Prigogine, legte in seinen wissenschaftlichen Arbeiten dar, dass der aufgezeigte Widerspruch nur ein scheinbarer ist. Denn was spricht gegen die Existenz von geordneten Strukturen im Universum, wenn sie mithelfen, die Wärmemenge und damit die Unordnung, die Entropie, im Universum insgesamt zu vermehren? Als Teilsysteme des Universums stellen sie keine geschlossenen, sondern im Austausch mit ihrer Umgebung stehende, sogenannte offene Systeme, dar. Zur Aufrechterhaltung ihrer Ordnung müssen offene Systeme ihrer Umgebung Energie, das heißt, Ordnung entziehen und damit Unordnung und letztendlich Wärme produzieren. Auch wir Menschen, das sei schon vorweggenommen, gehören zu diesen offenen Systemen. Wir verdanken unsere Ordnung der Zerstörung der Ordnung anderer Lebewesen: Wir töten sie und nutzen sie als Nahrung.

Ordnung, ja bitte, aber nur, wenn dadurch die Unordnung insgesamt vermehrt wird, gebietet der zweite Hauptsatz der Thermodynamik. Die lokale Ordnung muss durch die Vermehrung der globalen Unordnung erkauft werden! Der zweite Hauptsatz belegt die Herstellung von Ordnung sozusagen mit einer „Luxussteuer", wobei der Mensch durch seine Existenz und sein Verhalten, das wird im Folgenden noch deutlicher, für das größte Aufkommen dieser „Steuer" sorgt.

Der Mensch und alle anderen offenen Systeme mit ihren geordneten Strukturen verdanken ihre Entstehung der ungleichen Verteilung der Energie im Universum. Für uns Menschen ist der Gegensatz „heiße Sonne – kalte Erde" entscheidend. Zur Veranschaulichung dieser Tatsache soll das Zustandekommen der „geordnet wehenden" Passatwinde betrachtet werden: Am Äquator wird die Luft durch die Sonneneinstrahlung stark erwärmt, steigt auf, kühlt sich in der Höhe ab, sinkt wieder zu Boden und strömt an der Erdoberfläche nördlich und südlich des Äquators, durch die Erdumdrehung schräg verschoben, zum Äquator zurück. Diese Konvektionsströme wandeln geordnete, hochwertige Sonnenenergie in weniger hochwertige Windenergie und schließlich in ungeordnete, niedrigwertige Reibungswärme um. Sie helfen auf diese Weise, den Energieunterschied „heiße Sonne – kalte Erde" beschleunigt abzubauen. Zu den Konvektionsströmen gehören auch die Hoch- und Tiefdruckwirbel, die Zyklone, Taifune und Monsune sowie die Meeresströmungen und die Wellen des Wassers. Sie alle entstehen spontan und verschwinden genauso spontan, wenn keine Energie- beziehungsweise Ordnungsunterschiede mehr vorliegen: Kommt über dem ruhigen Wasser ein Wind auf, bilden sich Wellen. Die bewegte Luft versetzt die Wasserteilchen in eine geordnete, rollende Auf- und-Ab-Bewegung. Aus Windenergie wird Wärmeenergie. Schläft der Wind ein, „sterben" die Wellen.

„Unsterblich" dagegen verhalten sich offene Systeme, die sich durch das Phänomen Leben auszeichnen, denn sie können sich selbstständig erhalten und sogar vermehren. Zudem sind sie meist nicht auf lokal verfügbare Energieunterschiede angewiesen. Ein Maikäfer zum Beispiel, der einen

Baum kahl gefressen hat, sucht sich einen neuen, und das alle Jahre wieder – nicht er, aber seine Nachkommen …

Alle offenen Systeme auf unserem Planeten, alle geordneten Strukturen, ob lebendig oder nicht lebendig, dienen der Natur, wie am Beispiel der Passatwinde und des Maikäfers erläutert, als „Werkzeuge" zum beschleunigten Abarbeiten des Energieunterschieds „heiße Sonne – kalte Erde". Von der hochwertigen, „geordneten" Lichtenergie, die die Sonne auf die Erde einstrahlt, bleiben nach Abzug der von der Atmosphäre sofort reflektierten Energie noch zwei Drittel übrig. Diese werden von den beschriebenen geordneten Strukturen unseres Planeten im Wasser zu etwa 50%, in der Luft zu etwa 30% und an Land (einschließlich der Lebewesen) zu etwa 20% in niedrigwertige Wärmeenergie umgewandelt und als solche ins Weltall zurückgestrahlt. Ein Teil davon wird allerdings durch den natürlichen Treibhauseffekt in der Atmosphäre zwischengespeichert und ermöglicht so die Existenz von Leben auf unserem Planeten.

Die Erde ist also dank ihrer geordneten Strukturen – Prigogine nennt sie auch „dissipative" Strukturen, um ihre Energie „zerstreuende" Wirkung zu betonen – eine gewaltige Wärmeproduktionsmaschine im Dienst der Unordnungsvermehrung bzw. Entropie-Maximierung. Ordnung entpuppt sich damit als ein Trick der Natur, um mehr und schneller Unordnung zu erzeugen. Dass dies auch im täglichen Leben so abläuft, lehrt die folgende Erfahrung: Begeisterte Schwimmer, die ihre überschüssigen Energien loswerden wollen, zieht es ins Schwimmbad. Befinden sich nur wenige Schwimmer im Schwimmbad, gibt es keine Probleme. Anders verhält es sich, wenn das Schwimmbad überfüllt ist. Jetzt ist ein ungehindertes Schwimmen und damit ein „Verbrennen" überflüssiger Pfunde nur dann möglich, wenn sich die Schwimmer zu einem geordneten Schwimmen in Kreisbahnen entschließen.

Der Mensch, das beste „Werkzeug"

Zwischen dem aufgezeigten „roten Faden der Evolution", der gekennzeichnet ist durch eine Zunahme von Ordnung und Komplexität, und dem Entropie-Streben, das verbunden ist mit einer Zunahme der Unordnung und der Wärmeproduktion, kann ein Zusammenhang hergestellt werden. Er lässt die Bedeutung der Evolution und die Rolle des Menschen auf der Erde in einem völlig neuen Licht erscheinen.

Tatsächlich geht mit der Evolution des Universums eine Entwicklung zu immer höher geordneten, immer mehr Wärme produzierenden offenen Systemen einher: Je nach Wirksamkeit der Unordnungsvermehrung – und damit der Wärmebildung – lassen sich vier Typen von offenen Systemen unterscheiden. Ein Vergleich mit unterschiedlich leistungsfähigen Automodellen und ihrem Benzinverbrauch drängt sich auf: Die geringste Effizienz zeigen Systeme, die nur bei ihrer Erzeugung Wärme produzieren. Das ist der Fall bei Kristallisationsprozessen, wie sie zum Beispiel bei der Glatteisbildung oder dem Entstehen von Eisblumen an kalten Fenstern vorkommen. Hier treffen die Gegensätze „kalte Luft" und flüssiges, also „relativ warmes" Wasser aufeinander: Das Wasser gefriert zu geordneten Kristallen, indem die Wassermoleküle auf feste Plätze im Eiskristall rutschen und dabei ihre Bewegungsenergie als Wärmeenergie an die kalte Luft abgeben.

Etwas komplexer ist ein zweiter Mechanismus der Wärmebildung: Bei ihm wird hochwertige Energie nicht allein zur Erzeugung, sondern auch zur Unterhaltung von geordneten Strukturen verwendet und auf diese Weise in Wärme umgewandelt. Zu ihnen gehören die bereits angeführten Konvektionsströme: die Windgürtel, die Wirbelstürme und auch die Wellen des Wassers.

Ein dritter, noch effektiverer Mechanismus der Wärmebildung, kommt mit der Entstehung von

Lebewesen ins Spiel. Lebewesen sind dissipative Strukturen, die sich selbstständig erhalten, vermehren und weiterentwickeln können. Mit ihnen hat sich das Prinzip der Bildung von lokaler Ordnung zur Vermehrung der globalen Unordnung und Wärmebildung verselbstständigt. Pflanzen und Tiere arbeiten dabei Hand in Hand: Die Pflanzen binden die Sonnenenergie in Form von energiereichen Nährstoffen, allerdings nur mit einem Wirkungsgrad von etwa 30%. Der große Rest wird als Wärme frei. Die Tiere – unterstützt durch Pilze und Bakterien – nutzen die pflanzlichen Nährstoffe als Nahrung und wandeln sie durch „Verbrennung" endgültig in Wärmeenergie um.

Im Menschen jedoch hat die Natur mit ihrem Streben nach Entropie-Maximierung durch Wärmeproduktion ihr aktuell bestes „Werkzeug" gefunden. Denn der Mensch hat nicht nur körperliche, sondern dank seines Bewusstseins auch noch geistige Bedürfnisse zu befriedigen. Aus seiner Umwelt macht er eine Kulturwelt, eine gewaltige Energie verschlingende Maschinerie, zu deren Betrieb auch körperfremde Energiequellen wie Erdöl und Kohle genutzt, das heißt, durch Verbrennen zu Wärmeenergie „verunordentlicht" werden: Die Nacht macht der Mensch durch künstliche Beleuchtung zum Tag; der Kälte des Winters und der Hitze des Sommers trotzt er mit Heizungen beziehungsweise mit Klimaanlagen; Automobile und Flugzeuge fördern seine Mobilität, und wechselnde Moden sowie besondere Ansprüche an Ernährung und Unterhaltung befriedigen das nur dem Menschen eigene – Glück versprechende – Streben nach Luxus. So ist es nicht weiter verwunderlich, dass sich der Energieverbrauch, auf den einzelnen Menschen bezogen, allein in den letzten einhundert Jahren verfünffacht hat – und das bei einer rasant wachsenden Erdbevölkerung!

Schlussfolgernd lässt sich feststellen, dass die Evolution vom Urknall bis heute im physikalischen Sinne nichts anderes ist als ein optimal funktionierender Mechanismus zum Auffinden immer besserer „Werkzeuge" mit dem Ziel, den Prozess der Unordnungsvermehrung durch Wärmebildung zu beschleunigen. Und der mit Bewusstsein begabte Mensch stellt offensichtlich die augenblickliche Spitzenleistung der irdischen Evolution dar. Er ist das aktuell beste „Werkzeug" im Dienst der Wärmeproduktion bzw. der Unordnungsvermehrung und damit der vom zweiten Hauptsatz eingeforderten Entropie-Maximierung.

Erderwärmung und Klimawandel

Die Entropie-Maximierung greift. Wir merken es: Die Erde erwärmt sich und in der Folge wandelt sich das Klima. Schon jetzt häufen sich Überschwemmungen und Dürren, und Wirbelstürme nehmen an Zahl und Stärke zu.

Für viele Klimatologen und auch für die „Fridays for Future"-Bewegung ist das bei der Verbrennung von Kohle und Erdöl entstehende CO_2 primär verantwortlich für den Klimawandel. Aber es ist doch so: Die Treibhausgase – neben CO_2 in erheblichem Maß auch Wasserdampf und Methan – können ihre Wärme absorbierende Wirkung erst dann entfalten, wenn diese Wärme schon vorher erzeugt wurde!

Beim natürlichen Treibhauseffekt sind die bereits beschriebenen nicht lebenden dissipativen Strukturen, wie Windgürtel und Meeresströmungen zum Beispiel, die Wärmelieferanten. Sie bescheren uns im Zusammenspiel mit den Treibhausgasen eine Erwärmung der Erdoberfläche von 33 Grad Celsius (von – 18° C bei fehlender Atmosphäre auf + 15° C bei vorhandener Atmosphäre). Mit den lebenden dissipativen Strukturen, insbesondere mit den Menschen, kommt nun weitere Wärme hinzu: die (Ab)Wärme des Verkehrs, der Industrie, der Haushalte und der Kommunikationsmittel zum Beispiel. Die durch die energiehungrige menschliche Zivilisation erzeugte Wärme ist der eigentliche Motor dieses anthropogenen Treibhauseffekts. Und das CO_2 tut, was es schon beim natürlichen Treibhauseffekt getan hat: sein „Fenster" für die Wärme zum Weltraum hin schließen, aktuell noch ein bisschen fester!

Zum CO_2 noch ein Wort: Wir sollten es nicht verteufeln. Es ist das „Transportmittel" des Elements Kohlenstoff, dem „Baustein" aller Lebewesen! Die an eine Wiedergeburt glaubenden Hindus ahnten dies, und – sie lassen sich verbrennen. Das bei der Verbrennung frei gesetzte CO_2 ermöglicht es ihnen, bei gutem Karma, schnell wieder in ein dann glücklicheres Leben zurückzukehren – zunächst als Pflanze, dann als Tier oder Mensch ...

Wir müssen den Klimawandel und seine negativen Folgen als Herausforderung für unsere Gesellschaft ansehen. Dazu genügt es nicht, die Effektivität unserer Maschinen zu steigern, um den Energie-„Verbrauch" und damit die Wärmeproduktion zu senken. Wir müssen auch bereit sein, unser Glück mit den Benachteiligten des Klimawandels zu teilen. Das sollte nicht unter Verzicht, sondern unter weiterhin Glück versprechender Nutzung unserer technischen Errungenschaften geschehen. Eine Gesellschaft, in der das Glück zu Hause ist und in der es gerecht und solidarisch zugeht, wird den Klimawandel meistern können.

Das Schicksal des Menschen

Noch dauert es, bis alle Energieunterschiede im Universum durch Wärmebildung „eingeebnet" sind, und schließlich ein gleichmäßiges „Lau" das Universum ausfüllt. Die Physiker sprechen dann vom „Wärmetod" des Universums, von einem Zustand, bei dem es keine Bewegung und keine Zeit mehr gibt. Ruhe, Finsternis und ein „Kälte-Lau" werden in sehr ferner Zukunft das Bild des Universums bestimmen. Bis dahin gilt die hoffnungsbange Devise: „Vive la différence!" – „Es lebe der Unterschied!", so lange es ihn noch gibt!

Das also ist der Mensch: Er verdankt seine Entstehung und seine Existenz, wie Wind und Wellen, wie Pflanzen und Tiere auch, dem Auftreten von Energie- beziehungsweise Ordnungsunterschieden auf unserem Planeten. Die Evolution erschuf ihn zur schnellstmöglichen Beseitigung dieser Unterschiede im Sinn des „Entropie-Gesetzes". Er ist also angetreten zur Vernichtung dessen, dem er seine Existenz verdankt. Der Mensch ist demnach auf dem besten Weg, sich selbst überflüssig zu machen. Eine schockierende Offenbarung! „Mensch-Sein" gleich „Werkzeug-Sein" im Dienst eines physikalischen Gesetzes? Das kann der Mensch als Sinn des Lebens nicht akzeptieren!

Ein Leben ohne Sinn aber würde den Menschen unglücklich machen.

Vom Natur- zum Kulturwesen und von der Entropie- zur Humanitätsmaximierung

Gewiss, der Mensch als Naturwesen steht im Dienst der Entropie-Maximierung und damit der Unordnungsvermehrung und der Wärmeproduktion. Diesen Sachverhalt können wir nicht leugnen. Es ist das Schicksal aller geordneten Strukturen auf unserem Planeten. Aber „Mensch-Sein" gleich „Werkzeug-Sein", das ist unmenschlich! Der Mensch muss seinem Leben einen typisch menschlichen Sinn geben, um nicht als Mensch sinnlos zu erscheinen!

Aber was ist „typisch menschlich"? Das, was den Menschen von den Tieren unterscheidet, ist seine Begabung mit einem gut funktionierenden Bewusstsein. Es macht aus dem „Naturwesen Mensch" das „Kulturwesen Mensch". Und als Kulturwesen ist der Mensch aufgerufen, der Humanitätsmaximierung zu dienen! „Edel sei der Mensch, hilfreich und gut, denn das allein unterscheidet ihn von allen Wesen, die wir kennen!", fordert Goethe in seinem Gedicht „Das Göttliche". Für den

Pantheisten Goethe ist das ein „Gottes-Dienst", dem sich auch alle ein Weltethos einfordernden Nichtgläubigen anschließen können. Heute sollten wir – Goethes Aufruf ergänzend – noch hinzufügen: „und Verantwortungsbewusstsein zeigen im Umgang mit der Natur!".

Diese Herausforderung anzunehmen, sich einzusetzen für die weltweite Verwirklichung und Einhaltung der Menschenrechte, mitzuhelfen, Armut, Analphabetentum und Krankheiten zu bekämpfen sowie, nicht nur als Kontrapunkt zur naturgewollten Entropie-Maximierung, unser Konsumverhalten zu überdenken und einzutreten für einen besseren Umweltschutz und einen sparsameren Umgang mit unseren Ressourcen, das alles kann unserem Leben einen typisch menschlichen Sinn geben – und uns Menschen glücklich machen. Dazu auch der Hinweis von Friedrich Nietzsche: „Wer ein Warum zu leben hat, erträgt fast jedes Wie!"

Fazit:

Die Physiker weisen darauf hin, dass alle Strukturen im Universum, ob nicht lebendig oder lebendig, und alle Vorgänge im Universum, auch die Evolution des Menschen, den Gesetzen der Physik zu gehorchen haben.

Es stellt sich heraus, dass die Evolution, vom Urknall bis hin zum Menschen, nichts anderes ist als ein optimal funktionierender Mechanismus zum Auffinden immer besserer „Werkzeuge" für die Maximierung der Entropie, das heißt, zur Vermehrung der Unordnung und zur Steigerung der Wärmeproduktion. Der mit Bewusstsein begabte Mensch stellt offensichtlich die augenblickliche Spitzenleistung dieser irdischen Evolution dar.

„Mensch-Sein" gleich „Werkzeug-Sein"?! Diese Degradierung zum bloßen Werkzeug können wir Menschen als Sinn des Lebens nicht akzeptieren. Unser Bewusstsein lässt uns erkennen, dass wir Naturwesen aber auch Kulturwesen sind. Das bedeutet, wir haben nicht nur der naturgewollten Entropie-Maximierung zu dienen, sondern sind auch aufgerufen, einen Beitrag zu leisten zu einer ethisch erwünschten „Humanitätsmaximierung". Auf diese Weise können wir mithelfen, das Leben der Menschen auf unserem Planeten menschlicher und damit glücklicher zu machen.

Nachwort

Menschsein – glücklich sein

Goethe, dem nichts Menschliches fremd war, brachte es auf den Punkt, indem er Faust sagen ließ: „So taumel' ich von Begierde zu Genuss, und im Genuss verschmacht' ich nach Begierde!" Weniger poetisch ausgedrückt, heißt das, wir befinden uns in einer Tretmühle, angetrieben durch das Streben nach Glück. Die Natur hat unsere Gene mit einem Hedonismus-Programm ausgestattet: Es befiehlt uns Menschen – weltweit und über alle Kulturen hinweg – unser Glück zu vermehren. Und das ist der Trick der Natur: Indem wir Glück begehren und suchen, schließlich finden und genießen, fördern wir den Vollzug und die stetige Optimierung des naturgewollten Entropie-Strebens. Der Mensch wird mit Glück belohnt und erhält für sein „gutes Funktionieren als Werkzeug" sogar noch Glücksprämien obendrauf (siehe Kapitel 1 bis 4).

Glück suchen, finden und erleben! Wir hangeln uns von Glückserlebnis zu Glückserlebnis. Auch weil wir das Glück nicht festhalten können. Goethes Faust wollte das: „Verweile doch! Du bist so schön!" Dafür musste er sich aber dem Teufel verschreiben. Und auch Oscar Wilde machte die

Erfahrung: „Nichts altert schneller als das Glück." So will es die Natur. Wir können dies als „Glücksfalle" oder als „Tyrannei" des Hedonismus-Programms missbilligen. Aber nur so ist Evolution, ist Optimierung durch Anpassung möglich. Die Evolution, auch die durch unser Bewusstsein erst möglich gewordene kulturelle Evolution, ist ein Wettbewerbsprozess, das bedeutet, dass das in der Zukunft vermutete noch größere Glück der Feind des in der Gegenwart erlebten großen Glücks ist!

Gefördert wird dieser Prozess durch ein antagonistisch anmutendes, aber synergistisch wirkendes zweites Programm. Es ist das „Alarmprogramm", das uns die Natur in Ergänzung des „Glücksprogramms" mitgegeben hat. Es gebietet: Gib acht auf alles Neue, denn etwas Gefährliches oder aber Nützliches kann von ihm ausgehen. Das Neue wird aber schnell zum Alten und Uninteressanten, wenn es sich als ungefährlich oder unnütz entpuppt. Sie kennen das: Die Farbe Grün zum Beispiel wird nach längerem Betrachten zur Komplementärfarbe Rot, die das Grün „auslöscht". Schaut man weg vom Grün auf einen weißen Hintergrund, wird das offensichtlich. Und ein tickender Wecker „verliert" mit der Zeit sein Ticken ... Auf diese Weise wird wieder neue, dem (Über)Leben förderliche Aufmerksamkeit generiert.

Das Alarmprogramm soll uns also einerseits

vor möglichen Gefahren schützen, aber andererseits auch sensibel machen für Dinge, die noch nützlicher sind und noch mehr Glück versprechen. Zum Beispiel neigen wir dazu anzunehmen, dass es früher besser war, dass es andernorts schöner ist und dass es anderen viel besser geht als uns selbst. Das wird von einer umfangreichen Ratgeber-Literatur ausgenutzt, die uns einredet, dass wir arme, unglückliche Menschen sind, die nur ihrer speziellen Ratschläge bedürfen, um endlich zum wahren Glück zu finden. Übrigens – ohne Alarmprogramm auch keine „grüne Apokalyptik" ...

Die Natur jedoch braucht glückliche, aber nicht vollkommen glückliche Menschen, um ihr Ziel, die Entropie-Maximierung, zu erreichen. Der Philosoph Schopenhauer hat Unrecht, wenn er behauptet: „Arbeit, Sorge, Mühe und Plage bestimmen für wahr ihr ganzes Leben lang das Los der meisten Menschen." Der Blick in eine im Jahr 2014 vom Washingtoner Gallup Institut veröffentlichte Studie belehrt uns, dass 70% der Erdbevölkerung der Meinung sind, ihr Leben werde von positiven und nicht von negativen Emotionen bestimmt. Wenn man sich die Rangliste der glücklichsten Nationen anschaut und die Ergebnisse des Glücksreports der Vereinten Nationen („World Happiness Report" von 2019) zu Grunde legt, stellt man fest, dass Deutschland unter den Top 20 der glücklichsten

Nationen rangiert (Rang 17). Weit vor Bhutan, das sich wegen seines Staatsziels „Bruttosozialglück" und seines Glücksministeriums den Ruf eines „Königreichs des Glücks" erworben hat. Es belegt nur Rang 95 unter den insgesamt 156 untersuchten Nationen. So verwunderlich ist dies wiederum nicht, wenn man bedenkt, dass das Erleben von Glück auf subjektiven Empfindungen beruht und dass der Staat lediglich berufen ist, einen Rahmen vorzugeben, in dem das Individuum sein Glück suchen und finden kann. In Bhutan ist die „Glückspolitik" geprägt einerseits von Gesetzen, die der Bewahrung und Förderung kultureller und ökologischer Werte dienen, aber andererseits auch von solchen, die eine gewisse Disziplinierung der Bevölkerung zum Ziel haben: Es gibt eine Staatsreligion, den Buddhismus, eine konstitutionelle Monarchie, in der der verehrte König die Politik bestimmt (trotz gewählter Volksvertretung), einen strengen Kodex, was Kleidung, Sprache und Schulunterricht anbetrifft sowie ein Rauchverbot in der Öffentlichkeit.

Inzwischen liberalisieren sich die Verhältnisse in Bhutan. Die Zeiten jedenfalls, in denen Bhutan noch ein Zufluchtsort war für alle, die an einer Fernseh- und Mobilfunkphobie leiden, sind vorbei.

Apropos „Flüchtlinge": Beim Studium der vielen Glücksatlanten, die auf dem Markt sind, drängt sich die Vermutung auf, dass vom großen Glück der Menschen einer Region eine Sogwirkung ausgeht: Menschen, die in ihren Ländern wenig Glück erfahren, flüchten in Länder mit einem größeren Glücksangebot bzw. Glücksversprechen. Auch so lassen sich die Flüchtlingsströme aus Afrika und dem Nahen Osten erklären, die dem „gelobten Land" Europa aktuell so große Probleme bereiten. Und – was trieb die Auswanderer und „Glücksritter" vergangener Tage in die Ferne?!

Zum Abschluss möchte ich eine kleine, „fabelhafte" Geschichte erzählen, um die Bedeutung des Glücks in allen seinen Spielarten noch einmal zu veranschaulichen. Ich wurde auf sie aufmerksam, als ein Theologe im Radio (Andreas Britz, „Anstöße", SWR1) mit ihr für seinen Glauben warb. Ich möchte sie aufgreifen und sie auf meine Art und in meinem Sinne neu erzählen:

Es war Semesterschluss. Der Professor begann seine Philosophie-Vorlesung deshalb etwas anders als sonst. Er hatte eine Reisetasche dabei. Er entnahm ihr einen Kindereimer, wie man ihn vom Sandkasten her kennt, sowie drei Säckchen und einige Dosen Bier und stellte alles auf den Tisch.

Dann griff er zum Eimer und füllte ihn mit Golfbällen, die er dem einen Säckchen entnahm. „Was meinen Sie, ist der Eimer voll?", fragte er. „Ja, klar", antworteten die Studenten. Dann schüttete der Professor jede Menge kleiner Kieselsteine aus dem zweiten Säckchen in den Eimer. Sie kullerten in die Leerräume zwischen den Bällen. „Ist der Eimer nun voll?", erkundigte sich der Professor. „Ja bestimmt", bekam er zur Antwort. Dann nahm der Professor Sand aus dem dritten Säckchen und schüttete ihn in den Eimer. „Und jetzt?" „Jetzt ist der Eimer aber randvoll". Da waren sich die Studenten ganz sicher. Nun griff der Professor zu den Bierdosen. Und auch das Bier passte noch in den Eimer, ohne dass dieser überlief. Lautes Lachen erfüllte den Hörsaal.

„Sehen Sie", erklärte der Professor, „das Experiment steht für Ihr Leben. Die Golfbälle repräsentieren die wirklich wichtigen Dinge in Ihrem Leben. Sie stehen für das persönliche Glück: für Ihre Familie und Ihre Freunde, Ihre Gesundheit und Ihren Beruf, Ihr Ansehen und Ihr Verhältnis zum Glauben und zum Sinn des Lebens. Die Kieselsteine stehen für das materielle Glück: für Haus, Auto und Geld zum Beispiel. Der Sand, das sind die weniger wichtigen Dinge, die glücklichen Momente, denen wir auf unserem Weg durchs Leben täglich mehr oder weniger zufällig begegnen und die uns Freude machen und auch neue Kräfte sammeln lassen: ein schmackhaftes Essen, ein gutes Buch, ein spannender Film, schöne Musik, Fernsehen, Reisen, und so weiter. Aber", fügte er hinzu, „füllen Sie bitte den Sand nicht zuerst in Ihren Eimer, denn dann haben Golfbälle und Kieselsteine nicht mehr genügend Platz. Denken Sie deshalb zuerst an die wirklich wichtigen Dinge in Ihrem Leben, an die, die Sie besonders glücklich machen können: Seien Sie für ihre Familie da, kümmern Sie sich um Ihre Gesundheit, pflegen Sie Freundschaften! Also achten Sie zuerst auf die Golfbälle!"

Aber die Vorlesung war noch nicht zu Ende. Ein Student meldete sich zu Wort: „Sie haben das Bier vergessen. Für was steht denn das?" Der Professor schmunzelte: „Egal, wie schwer das Leben auch sein mag. Es hat immer noch Platz für das eine oder andere Bierchen, aber – achten Sie darauf, dass der Eimer kein Loch hat!"

Ein letztes Fazit:

„Nimm Dir Zeit und nicht das Leben!"

Diese Bitte der besorgten Ehefrau an ihren stets zu schnell autofahrenden Ehemann ist ganz im Sinne des Entropie-Gesetzes: Wir Menschen werden dringend gebraucht als besonders effektive „Werkzeuge" für die von der Natur gewollte Vermehrung der Unordnung und die Steigerung der Wärmeproduktion. Die Natur belohnt unsere „gute Arbeit" mit Glückserlebnissen, und – das ist der Trick der Natur – ohne Glückserlebnisse möchten wir nicht mehr leben. Die Natur hat uns „glückssüchtig" gemacht! Wir sind in einer Glücksfalle gefangen. Eine Befreiung aus ihr, eine Emanzipation vom naturgewollten ewigen Streben nach immer neuem Glück, gelingt nur, wenn wir auf unser Einsicht und Vernunft vermittelndes Bewusstsein hören. Es rät uns, das ewige Begehren dadurch zu überwinden, indem wir den Kräften vertrauen, die von den menschlichen Tugenden und Werten ausgehen. In sie sollten wir investieren. Die Deklaration der Menschenrechte und die Ethik der großen Weltreligionen können uns als Wegweiser dienen. An dieser Stelle bietet sich an, auf die Lehre Buddhas hinzuweisen. „Alles Leben ist Leiden", predigte Buddha, Leiden auch an dem ewigen, von der Natur dem Menschen aufoktroyierten Begehren. Wir können uns vom Leiden befreien, so lehrte Buddha, durch das Besiegen der drei Geistesgifte „Gier, Hass und Unwissenheit" und auf diese Weise Erlösung finden im Nirwana. Aber auch ohne den Glauben an ein Nirwana ist es uns möglich, zum typisch menschlichen Glück zu finden: Vertrauen wir unserem Bewusstsein, dem bewährten Überlebensinstrument des Menschen! Geben wir Einsicht und Vernunft eine Chance und tun wir das, was uns als Menschen durch unser Menschsein würdig macht, glücklich zu sein. Das Sprichwort „Glücklich ist, wer glücklich macht!" kann uns den Weg weisen.

FSC
www.fsc.org
MIX
Papier aus ver-
antwortungsvollen
Quellen
Paper from
responsible sources
FSC® C105338